HOW THE EAST ASIAN
ECONOMY GOT DISEMBEDDED

"脱嵌"是如何发生的

东亚模式的转型

王永钦／著

社会科学文献出版社

SSAP

SOCIAL SCIENCES ACADEMIC PRESS (CHINA)

目　　录

第一章 导论

一 为什么要研究东亚模式

东亚模式是二战后发展中国家成功实现赶超的典范。例如，韩国和中国台湾地区当时都是相当落后的农业经济，其人均 GDP 与当时的肯尼亚相当。但在短短的 40 年时间内，它们不仅实现了经济发展的赶超奇迹，而且顺利实现了政治的民主化转型，成功地走上了市场经济、法治社会和民主政治的稳态社会轨道。"东亚四小龙"——韩国、中国台湾、新加坡和中国香港——成为二战后人类发展史上的奇迹，是发展中世界实现经济赶超并成为发达经济体的成功案例。形成鲜明对照的是，世界上其他的发展中国家，要么陷入了贫困陷阱（如大部分非洲国家），要么陷入了中等收入陷阱（如大部分拉丁美洲国家和南亚国家）而不能自拔。

反思东亚模式对于经济发展、政治发展和社会转型具有很强的学理意义。虽然人类的发展是一个多维度的过程，但政府与市场的关系一直是核心的问题。理解政府与市场的关系及其和经济与社会的互动，是理解发展过程的关键所在。政府是否应该对经济进行干预，应该以什么样的方式进行干预，是经济学中最具有争议的话题之一。而其中的产业政策，即政府在经济发展过程中通过各种政策工具对经济活动进行的干预，是一个在理论上和政策上都有重要意义也富有争议的问题。对于中国这样的发展中经济和转型经济而言，其重要性更是不言而喻的。

一个例证是，在最近的几年内，国际主流经济学界对一度被冷落的产业政策的研究兴趣又重新燃起。对产业政策的新的一轮研究热情可能与下面的几点背景有关。一方面，以国际货币基金组织（IMF）和世界银行为代表的国际组织过去30年在发展中国家推行的自由化政策（被称为"华盛顿共识"）没有带来经济增长，而是带来了经济停滞，使人们不得不重新认识政府的作用；另一方面，以苏联为代表的计划经济的试验在20世纪下半叶的失败，亦从反面说明了国家的干预不能无所不包。而东亚经济的实践则介于两者之间，政府在经济发展中起到的积极推动作用，被很多人认为是"东亚奇迹"的重要原因。

历史地看，东亚的工业化国家和地区（日本和后来的"四小龙"尤其是韩国）在经济起飞和赶超阶段都实施过积极的产业政策，它们的产业政策具有以下特征：（1）实行保护主义的贸易政策和汇率政策，扶持本国或本地区的大工业企业；（2）扶持具有很强后向联系和前向联系的支柱产业；（3）银行向企业提供长期融资支持的政策性贷款，同时还在财政上提供各种显性或者隐性的补贴；（4）政府还积极创造条件，为大企业集团的产品提供市场（如日本的综合商社）。上述（1）和〔3〕这种故意将价格做错（getting price wrong）的产业政策，在这些国家和地区实现经济赶超的过程中起了很大作用（Johnson，1982；Amsden，1989）。

现在，理论界和政策界在政府与市场的关系这个问题上的立场更趋客观。重要的问题不是政府"要不要干预"（whether），而是"怎样干预"（how）。然而，尽管如此，产业政策却在发展中世界的其他地区惨遭失败。例如，二战后很多拉美国家采取了进口替代的发展战略，并没有带来经济发展，这促使我们思考政府与市场背后的社会和政治基础。

研究东亚模式，不仅对理解经济发展，而且对理解政治发展和社会转型无疑也具有重要的理论意义。东亚模式不仅是经济发展的典范，也是政治发展和社会转型的典范。韩国和中国台湾地区在实现经济的快速发展后，比较平稳地实现了民主化的政治转型，成功地进入了以市场经济、民主政治和法治社会为标志的现代稳态社会，成为二战后人类政治发展史上的奇迹。而放眼发展中世界，很多发展中国家不仅经济落后，而且政治很不稳定，缺乏维持基本社会秩序的政府，政府被利益集团所俘虏，成为掠夺性国家（preda-tory state）。经济发展与政治结构之间到底存在什么关系？市场和经济组织是如何从社会政治结构中脱嵌出来的？市场化在这个过程中起了什么样的作用？政治精英和民众在这个过程中起了什么作用？这些都是非常值得进一步深入研究的问题。本书着眼于东亚模式的目的，即在于从理论和历史结合的角度刻画这种市场和经济组织从社会政治结构中脱嵌的过程，旨在为东亚模式提供一个全面而深入的分析框架。

　　除了一般性的学理意义外，研究东亚模式还对中国的经济转型和政治转型具有非常直接的现实意义。中国与东亚相比具有很多共性，比如先经济发展后政治变革、威权主义政府、审慎的自由化次序等等。但两者之间也存在很大区别。如：中国政府掌握的资源和对经济的支配力都远远超过东亚政府；东亚模式发展之初就进行了平等主义的土地改革，从而为共享式增长和政治转型打下了重要的基础，而中国并没有进行彻底的土地改革，经济发展过程中出现了高度的不平等。尽管如此，东亚地区在文化、历史背景方面与中国大陆存在很大相似性，尤其是台湾地区和香港地区还是中国的一部分，因而研究东亚模式对探寻中国转型的途径和路向的意义是不言而喻的。

　　反思二战后关于经济发展的思潮，在理论界和政策界有两种截然相反的观点。以 IMF 和世界银行为主的国际组织，在 20 世纪后期的很长一段时间内，在发展中国家推行的政策就是自由化的结构性改革措施，即所谓"华盛顿共识"（以"市场化""私有化"和"稳定化"为三个支柱）。该主张秉承自由主义的传统，认为经济成功转型与繁荣的关键在于充分引入市场机制，消除政府造成的各种扭曲，"将价格做对"（getting prices right），但是这种改革却遭到了普遍的失败。公正地说，"华盛顿共识"作为一个最终的经济发展的状态和方向，其实是没有错的，但是，如果将其作为一种经济发展的政策处方，则错将目的当作手段。的确，作为一种政策处方，"华盛顿共识"无论是对于转型经济还是对于发展中经济，都惨遭失败。对于转型经济来说，在 1990 年代初，苏联和东欧经济在"休克疗法"的思维下，几乎一夜之间通过私有化、市场化对国有资产和资源配置机制进行了巨大的变革。与"休克疗法"的支持者设想的相反，"休克疗法"在转型后相当长的时期内，没有带来苏东地区的经济繁荣和发展，反而使这些地区的经济陷入了长期的衰退，而采取渐进改革方案的中国经济却一枝独秀，目前已经一跃成为世界第二大经济体。同样，"华盛顿共识"在其他发展中经济中也遭遇了滑铁卢。"华盛顿共识"的支持者们认为，发展中经济要发展，就必须首先进行大的制度变革，改变政治结构和产权结构，这也是很多强调制度重要性的经济学家所推崇的（North，1990；Acemoglu，2005），但是，他们都忽略了制度结构的内生性。对于发展中国家而言，"适宜的制度"可能是市场发育程度所内生决定的（Arrow，1971）。正如列夫·托尔斯泰所言，"幸福的家庭都是相似的，而不幸的家庭各有各的不幸"；对于经济发展而言，"发达的国家都是相似的，而不发达的国家各有各的不发达之处"。发展中国家的市场发育情况各有不同，这意味着在不同的经济发展阶段，可能需要不同的制度结构。这也是本书反复强调的主题之一。

具体地说，自 20 世纪 80 年代以后，随着东亚奇迹的出现，国际上就开始有一些学者研究东亚模式。尽管文献浩如烟海，但其关于东亚奇迹的解释，总的来说存在着两种截然相反的观点。一种观点认为，东亚奇迹的出现，是发展型政府积极干预的结果。美国学者 Johnson（1982）在其《通产省与日本奇迹》一书中，提出发展型国家的理论来解释日本的经济奇迹。约翰逊教授基于对日本模式化的经济计划官僚机构通产省（MITI）的观察，构建了一个有关干预主义国家的韦伯式的理想类型。发展型国家既不同于社会主义国家（社会主义国家被描述为计划－非理性国家，所有权和管理权都掌握在国家手中，如苏联），也不同于自由市场经济国家，而是计划－理性的资本主义发展型国家（plan－rational capitalist developmental state），兼有私人所有权与国家指导的属性。约翰逊特别强调了产业政策在二战后日本经济赶超中所起的作用。后来罗伯特·韦德提出了"驾驭市场"（governing the markets）的类似框架，来解释二战后台湾地区的经济赶超（Wade，1990）；Amsden（1989）通过强调后发优势中的"学习效应"来解释韩国的经济赶超。这些文献都强调了政府在经济发展中的作用。也有一种观点认为，东亚奇迹并非政府的功劳，而是自由市场经济的胜利。因为东亚政府所做的无非是放松规制、对外开放，充分让市场发挥作用而已（如Noland and Pack，2003）。

在我们看来，这两种观点各执一端，各有其局限性。发展型国家理论过多地强调了政府的作用，而没有充分意识到市场和市场缺失与政府干预之间的关系；而自由主义经济学家固然意识到了市场的基础性配置资源的作用这一大的趋势，但同样没有意识到发展中经济中普遍存在的市场缺失现象，因而资源的配置在一定的历史时期的确需要替代性的制度安排。

与此同时，一些经济学家、社会学家和历史学家在东亚模式基础上重新弘扬了产业政策的重要性。其中，代表性的著作有Amsden（1989）与Wade（1990）对韩国、台湾地区的研究，以及Johnson（1982）对明治维新以来日本奇迹的研究。他们都认为，产业政策在这些国家和地区的经济赶超中起到了决定性的作用。除了这些具体的国别和地区研究之外，还有学者从政治经济学和社会学的视角对产业政策进行了系统的思考（Evans，2004）。Chang（2002）则从历史的视角对产业政策进行了考察，发现今天标榜自由贸易的英国和美国在历史的同时期在产业政策的实施方面，要比德国和法国有过之而无不及。

最近几年来，随着经济的全球化，产业政策在理论上和政策上更显得重要。很多经济学家对全球化时代产业政策和政府的作用进行了新的探讨，主要的贡献者有 Stiglitz（2002）、Hausman 和 Rodrik（2003）与 Rodrid（2008）。他们都认为，由于市场的不完美，在全球化时代更应该实施适当的产业政策。在产业政策的实施方面，政府不应该像过去那样来挑选优胜者，而是应该关注过程（process‐targeting）来纠正市场的缺陷和协调不足，而且产业政策的实施必须针对具体国家的经济结构来实施，因而是因国而异的。

与我们本书中采用的方法最接近的是 Evans 等所代表的经济发展的政治社会学文献（Evans，1995）。Evans 提出了"自主性"与"嵌入性"的概念性框架，通过国际比较和案例分析的方法来研究为什么不同国家的产业政策有着不同的遭遇和命运。他认为，好的产业政策应该同时具备"自主性"与"嵌入性"两个条件，所谓"自主性"就是政府是利益中性的，而不是被利益集团所绑架而制定出偏的政策。同时，还必须具有"嵌入性"，即政府和产业之间必须形成某种关系，这样有助于信息的交流和政策的实施。

这个文献对本书的研究具有很大的启发。在 Evans 这个概念性框架的基础上，我们进一步分析了自主性与嵌入性的社会和经济基础，从而给 Evans 的框架提供了经济学的微观基础。不仅如此，我们还发展了一个自主性与嵌入性动态互动的理论，并分析了其对发展的政治经济学及政治转型的意义。

二 本书的理论视角和方法

理解政府与市场关系的关键，在于理解市场不完全性与治理结构之间的关系。我们将首先在"互联的市场"理论（Braverman and Stiglitz，1982；王永钦，2006）的基础上，提出一个政府在经济中作用的一般理论。该理论的主要内容可以概括为：政府的职能是经济发展的阶段的函数。在经济发展和工业化的早期阶段，分工程度还比较低，市场要么是缺失的，要么是不完美的，经济中主体的交往往往采取互联的合约形式。一个典型的例子是发展中经济的农业市场，佃农和地主不仅在产品市场上发生交易（如佃农可能会购买地主的粮食），在劳动市场上发生交易（如地主购买佃农的劳动），在信贷市场上发生互动（如地主会提供借贷给佃农），还会在保险市场上互动（如地主会向佃农提供某种形式的保险，如分成租佃就是一种保险）。

同样的逻辑可以用于发展中国家的政府与产业之间。政府实施的产业政策，就类似于一个互联的合约（政府类似于上面的地主）：政府、企业在信贷市场、产品市场等多个市场上存在着互动，通过"交叉补贴"等机制可以实现很多灵活有效的政策工具，在市场机制不健全的时候，实现有效的资源配置。更重要的是，通过这种将相对价格做错（getting the relative prices wrong）的方法可以成功地实现产业赶超，侵占成熟产业的市场，就像日本和韩国的情况说明的那样。

从理论角度来说，东亚模式经济和中国改革开放迄今为止的经济都是一种"嵌入型"经济（embedded economy）。这种经济的一个重要特征是：经济关系（市场与经济组织）是嵌入到现有的政治和社会结构之中的。理论上可以证明，在市场不完备的经济发展阶段，嵌入型经济是一种次优的制度安排。在这种经济中，政府与经济主体之间的关系往往采取了"互联的关系型合约"这种形式。在市场范围较小和分工程度较低（市场缺失）的发展中经济中，两个经济主体之间的交易会跨越多个"市场"，这被称为"互联的合约"。如上文提及的地主与佃农的例子。由于互联的市场会使得在单一的市场上无利可图的关系合约在互联的情况下变得可行，所以，市场的互联性扩大了可行的关系型合约的可行集合；而在社会分工程度高的经济中，人们在不同的专业化市场（specialized market）上与不同的经济主体进行交易。

除了市场高度不完全外，发展中经济与发达经济的另一个重大的结构性区别是，其生产技术远离世界技术前沿。这意味着，它们可以采用现成的技术，因此经济发展最重要的问题是如何动员投资、采用现成的技术。在这种基于投资（investment - based）的发展阶段，嵌入型体制可以实现迅速的经济发展。

值得注意的是，嵌入型体制在促进经济发展和市场扩展的同时，会使得市场和经济"脱嵌"于特定的社会结构。从政治发展的角度来说，由于市场的日趋完备，政府与社会的关系越来越"去伦理化"，民主化和法治化将不可避免。因此，我们将深入剖析东亚模式的嵌入型体制是如何随着经济发展和社会结构的改变而逐渐动摇并最后瓦解的。

三　本书的主要发现

政府在经济发展中的作用与经济发展阶段有关

在经济发展早期，政府之所以可以发挥更直接的作用，是因为在经济发展的早期阶段，市场范围较小，社会分工程度低，市场缺失问题还比较严重，政府与企业家（和其他社会群体）的互联性关系型的制度安排（如产业政策）可以弥补市场缺失问题，并促进市场的发育。

从交易费用的角度来讲，由于自我实施的关系型合约不需要依赖第三方（如法庭）实施的正式制度，所以节省了大量的建章立制的固定成本和交易费用。对经济发展的早期阶段来说，这就是一种"适宜"的制度。但是，随着经济的发展和市场范围的扩大，关系型合约的成本就会逐渐凸现：因为它使一个人的边际交易成本（如监督成本）越来越高，而正式制度（基于规则的治理）的边际交易成本则越来越低，即正式制度具有规模经济。

从生产技术的层面来讲，由于在经济发展的早期阶段，经济远离世界技术可能性边界前沿，发展中经济可以直接采用现成的技术。经济发展的关键问题是如何有效地组织和动员资源，稳定的关系型合约尤其适合这个基于投资的增长阶段。而在市场范围扩展到一定的程度，经济进入基于创新的增长阶段的时候，基于规则的正式制度安排更有利于实现规模经济，促进内生的技术进步。

民主与法治的作用与经济发展阶段有关。在经济发展的早期阶段，由于更有效的治理采取了自我实施的互联的关系型合约形式，所以法律的作用在两个方面受到了限制。第一个方面的限制来自它的关系性（relational），即当事人考虑是跨期的和前瞻性的（forward－looking），而法律则往往只能对已经发生的、既往的事情做出判决，是后顾性的（backward－looking）。第二个方面来自它的互联性，当事人之间的交易是跨越了好几个"市场"的，而现实中的法律都是关于某一个具体"市场"的争议的，很难将复杂的互联性考虑在内，基于单市场的裁决可能不符合当事人利益的理性考虑，因此他们的理性选择是不去法庭。只有当经济发展到一定的水平和市场足够完备后，法治的作用才会越来越大。

经济发展与制度变迁：理想情况下，经济发展会通过两种效应来影响交易的互联性和关系性。一是专业化效应，即随着市场范围的扩大和分工水平的深化，市场不断专业化，原来需要由互联的关系来实现的交易就可以在专业化市场上进行了。专业化效应会弱化交易的互联性和关系性。二是市场厚度效应，即随着市场范围的扩大和分工水平的深化，专业化市场的交易频率和交易量不断提高，即市场逐步变"厚"，这会进一步降低交易双方在市场上的搜寻成本，关系型交易的吸引力就会进一步下降并弱化。通过这两种效应，经济会从人格化的交易为主变化到非人格化的交易为主的阶段。

经济自由化的时机和顺序：在经济发展的早期阶段，通常由几个大的财团或者家族垄断，市场结构不是竞争性的。在初期的关系型合约下，这是一种有效的结构。集权的经济体系和一定的进入限制会有助于稳定的投资，因为关系型合约只有在少数几个固定主体的长期博弈下才可以维持。在基于投资的增长阶段，这种稳定的关系对经济发展是有好处的。但是，当经济发展到基于创新的增长阶段后，这种垄断性的市场结构会阻挠新企业的进入和技术创新，从而会阻碍长远的经济发展。所以，经济结构应该随着经济的发展阶段，经历从集权到分权的经济自由化。并且由于市场之间的关联性，顺利推进合理的经济自由化对于转型的成功是很重要的。

民主化和法治化的时机：互联的关系型合约是适合经济发展早期的制度安排的；当经济发展到一定的阶段后，需要不失时机地推进民主化和法治化，从而为关系型社会向规则型社会的转变奠定制度基础。民主化和法治化往往是和经济上的自由化（打破垄断、放松管制）同时进行的。而且，历史经验还告诉我们，初始禀赋的平等性，对于巩固的民主化和法治化是很关键的。韩国和中国台湾地区在工业化之前平等主义的土地改革，为后来共享式的经济发展和巩固的民主转型奠定了关键的社会基础。

理解东亚模式

东亚发展初期，具有自我实施性的互联性关系型合约（无论是在政府与企业之间，还是在企业与企业之间）维持了社会经济生活的运行，弥补了市场缺失。在市场范围比较小的早期，关系型合约是比正式的合约（如民主与法治）更节省交易费用的一种治理结构。这种合约结构还有利于充分动员和组织经济中的资源，适合基于投资的增长阶段。但是，当经济发展到基于创新的增长阶段后，这种垄断性的市场结构会阻挠新企业的进入和技术创新，从而会阻碍经济发展。

东亚模式给我们的一般性启示是，政府的作用是经济发展阶段的函数。在经济发展的早期阶段，政府可以通过一系列政策起到弥补市场和增进市场发育的作用；在经济发展到比较高的水平，市场发育比较健全的时候，政府应该退出直接的干预领域，转而创造一个公平竞争的市场环境。而且，在经济发展到一定的阶段应该不失时机地推进政治转型，使国家走上民主和法治的道路。

理解中国的经济转型和政治转型

中国作为一个从计划经济向市场经济转型的经济体，政府在转型期间控制的社会资源要远甚于东亚模式下的政府，尤其是土地资源等生产要素。但与东亚模式的嵌入型体制非常不同的是，中国的嵌入型体制是由多个竞争性的地区性嵌入型经济体组成的。这种体制在促进中国经济增长的同时，也让中国经济和社会付出了巨大的代价，如产能过剩、收入差距拉大、区域发展不平衡、公共品提供的不足和不公平等等，甚至还造成了全球经济失衡。这与东亚模式形成鲜明对比，东亚模式不仅取得了经济发展的奇迹，而且实现了共享式的增长。

经济和社会发展的不可持续性，最终会造成中国政府的合法性危机。东亚模式的成功经验告诉我们，共享式的经济发展对于成功的政治转型具有重要意义，而要素市场的改革对于实现共享式增长可以起到关键作用。同时，东亚模式也表明，适时的政治转型和民主化对于一个国家的可持续发展、跨越中等收入国家陷阱具有重要意义。

嵌入型体制经济上的代价：扭曲价格信号

在经济层面而言，东亚模式这种嵌入型经济体制本质上是通过互联的关系型合约来配置资源，这实际上是一种"将价格做错"的做法。嵌入型体制通过将价格做错而促进某些产业的快速发展，往往会导致国内市场不能消化过剩产能，东亚经济体通常都会出现产能过剩。在基于投资的发展阶段，东亚模式下的产业政策可以模仿发达国家现有的成熟技术来优先发展某些产业，对经济的扭曲也许还处在次优状态（second – best）；但当经济发展到基于创新的发展阶段时，技术水平接近世界技术前沿，没有现成的技术可以直接模仿，这种"将价格做错"的产业政策不仅做不到"次优"状态的资源配置，相对于比较完备的市场体系下的价格信号，而且会对资源配置产生较大的扭曲效应。特别的，由于这种封闭的体制限制了熊彼特式的"创造性破坏"的竞争，加剧了价格信号的动态扭曲效应。

嵌入型体制政治上的代价：官商勾结

我们前边分析过，嵌入型体制要想得以维持，必然设置产业进入壁垒，这样才能维持关系型合约的运行，由此创造的"租金"也给相关的各方提供了长期的激励，这种激励替代了价格机制下的激励。从短期的角度来说，政府和企业的关系型合约可以弥补市场的缺失；但从长期来看，这种关系型合约必然导致官商勾结和腐败，不利于新企业的进入和熊彼特式"创造性破坏"创新：固有的既得利益群体为了维护自己的"租金"，会竭力阻止新企业的进入，来巩固自己的在位者特权，必然导致官商不分、官商勾结和体制性腐败，不仅影响经济发展，也会进一步侵蚀政治合法性。在东亚模式的所有国家和地区，腐败都是难以避免的现象，因为它是内生于这个体系的一种"生活方式"。

嵌入型体制是可以自我维持的（self‑sustaining）

世界发展经验表明，经济发展未必会自动导致嵌入型体制的脱嵌。这是因为，关系型合约和正式合约都是可以自我维持的。如果足够多的经济主体的交易是互联和关系型的，那么距离型的专业化市场和规则型的正式制度就难以确立，经济就会锁定在关系型社会。只有当专业化和市场厚度效应足够强、嵌入型体制的既得利益者足够弱，打破了关系型合约的自我维持性时，嵌入型体制才有可能过渡到开放式社会。世界的发展史告诉我们，很多地区迄今长期陷在嵌入型体制的陷阱里而不能自拔，而陷入了中等收入陷阱。自主性（即政府和统治精英不受利益集团的俘获）是社会成功转型的重要条件。

所以，嵌入型体制往往需要借助金融和经济危机这样的外力来使其"脱嵌"。

四 本书的结构安排

本书的其余部分安排如下。第二章，将东亚模式放在国际发展的视野下，对东亚模式的经济和社会发展的特征性事实进行系统性的描述，作为本书的一个背景。第三章，提供一个简明的概念性框架，对世界的发展模式提供一个分类学，从理论和国际比较的角度对东亚模式进行远景式的分析。第四章，近距离地分析东亚模式的嵌入型体制是如何促进经济赶超的。第五章，分析嵌入型体制的局限性及其如何转型。第六章，从东亚模式的视角，研究中国式嵌入型体制如何创造了中国的经济奇迹，又如何造成了中国经济和社会的诸多扭曲。在本书最后部分，将提出一系列可以实现中国经济和社会可持续发展的制度改革的建议。

第二章　东亚模式：
经济增长与结构转型

一　作为后进国家成功赶超范例的东亚模式

二战之后，世界进入相对和平的时期，很多国家进入了和平发展期。对很多国家的领导人来说，赶超先进国家成为许多后进国家的美好愿望。然而，不同国家和地区在这一阶段走上了不同的赶超道路：有的国家自始至终都没有走上赶超之路，如大部分非洲国家；有的国家在一段时间内经济高速发展，最后却陷入了中等收入陷阱，停滞不前，如拉美国家。而仅有少数东亚国家和地区走上高速发展之路，最终达到发达国家水平，并且成功地在政治上实现了民主化转型。

东亚国家和地区率先完成超越的是日本，紧接着是被誉为"亚洲四小龙"的韩国、新加坡、中国香港和中国台湾。这些国家和地区在战后经济发展水平与大多数发展中国家在一个起点上，但是经过近40年的发展，它们与其他发展中国家取得了完全不同的成果，成为先进国家和地区。它们不仅实现了经济的高速发展，而且在发展的过程中，不断完善经济结构，保持了经济的可持续发展。因为它们都地处东亚，于是它们的经济发展被誉为"东亚奇迹"，人们又将它们的发展模式称为"东亚模式"。从广义上来说，"东亚模式"还包括马来西亚、印度尼西亚、泰国等东南亚新兴工业化国家，但是它们取得的成绩不如日本和"四小龙"，而且模式和发展道路也与这 5 个国家和地区有所不同，所以本书将主要探讨以日本和"四小龙"为主的东亚模式。

二战后的 50 年代，日本和"四小龙"经济水平与发展中国家处在一个水平上（见图 2 - 1），尤其是韩国，在 1955 年其人均 GDP 只有 271 美元，与当时非洲的肯尼亚和尼日利亚处在同一个水平上。即使是日本，其在 1950 年时的人均 GDP 也只有 458 美元，远远不如当时的阿根廷。而在 1995 年时，韩国人均 GDP 已经达到了 15050 美元，而之前与之一个水平的肯尼亚和尼日利亚却分别只有 954 美元和 864 美元。日本的人均 GDP 更是达到了 26087 美元，已经远远超过了阿根廷和墨西哥，与美国处在了同一个水平上（见图 2 - 2）。

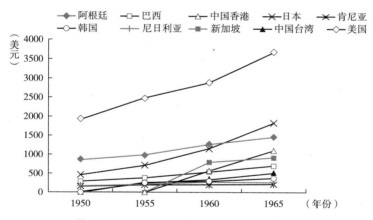

图 2 - 1　1950～1965 年各国人均 GDP 走势

东亚模式的成功之处不仅仅体现在经济增长上，还体现在将经济增长的成果公平地分配给社会各阶层和大幅度提高社会福利上。在收入差距方面，世界银行的研究表明，东亚国家和地区在 20 世纪 60 年代到 80 年代经济增长的同时，收入差距却逐渐缩小。与同期其他国家的发展相比，东亚模式的国家和地区是唯一实现了经济高速增长和收入差距缩小的经济体。它们不仅是经济增长最快的国

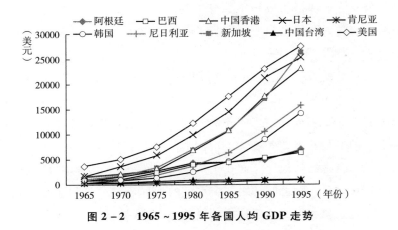

图 2-2　1965~1995 年各国人均 GDP 走势

家和地区，也是收入分配最公平的经济体。此外，世界银行的数据也表明，体现人民享受福利的重要指标——人均寿命，在东亚模式的国家和地区从 1960 年的 56 岁提高到 1990 年的 71 岁，而其他中、低收入国家，人均寿命分别从 62 岁提高到 66 岁，从 36 岁提高到 49 岁，远远低于东亚模式国家和地区提高的幅度。而其他关于社会福利的指标，比如教育程度、家电占有率，东亚模式国家和地区提高的幅度也远远比世界上其他国家多。

二　东亚模式的特征

东亚模式的成功体现在社会和经济的各方面，本小节将刻画东亚模式经济和社会发展的一些特征性事实。

经济增长

如上所述，日本和"四小龙"都经历了一段高速增长的时期。为了更具体和更全面地描述这一段高速增长时期，我们选取了几个代表性国家，将它们的人均 GDP 增长情况和东亚模式进行比较。从图 2-1 中，我们可以看到从 1950 年到 1965 年这 15 年中，世界各国都处在战后重建中。以美国为代表的发达国家，它们的人均

GDP 已经遥遥领先其他发展中国家。同时值得注意的是日本经济在这 15 年中已经表现出了强劲的增长力，而"四小龙"的经济水平则仍与其他发展中国家处在一个档次上，甚至还落后于拉丁美洲的阿根廷。从图 2 – 2 中，我们可以看到 1965～1995 年这 30 年中，世界各国都有着良好的经济增长，而日本和"四小龙"无疑是最耀眼的，它们的经济增长率显著高于世界上其他地方。我们可以看到韩国和中国台湾地区，已经将以巴西和阿根廷为代表的拉美以及以肯尼亚和尼日利亚为代表的非洲国家甩在了后面，而新加坡和中国香港这两个城市经济体的人均 GDP 更是直逼美国。在这段时间内"四小龙"人均 GDP 的年均增长率都超过了 10%，这几乎是非洲国家的 4 倍以上，拉美国家的 2 倍。而日本在这段时间的增长率也高达 8.4%，高于美国、阿根廷和肯尼亚。但是我们从图中也可以看到日本的人均 GDP 从 1990 年后相比"四小龙"增幅有所放缓，这主要是因为日本 1990 年泡沫经济破灭后高速增长的时光一去不复返，进入了"失去的十年"。而从图 2 – 3 中，我们可以看到从 1995 年到 2009 年这 14 年中，各国经济依然稳健增长，日本和美国在 2008 年遭受了金融危机后，增幅出现了一定的下滑。而"四小龙"在 1995～2000 年这一段时间，由于受 1997 年亚洲金融危机影

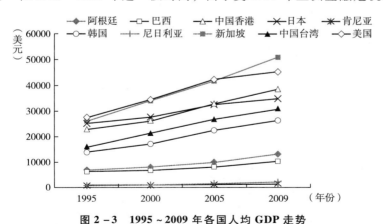

图 2 – 3　1995～2009 年各国人均 GDP 走势

数据来源：Penn World Table 7.0。

响，经济增幅有所放缓，但是之后又保持了稳定的增长，1997 年亚洲金融危机对后期经济发展破坏力并不大。

全要素生产率

毫无疑问，东亚模式的经济总量上得到了突飞猛进的发展，那么它们的增长质量如何呢？经济学家通常用"全要素生产率"（total factor productivity，TFP）来度量增长的质量。所谓全要素生产率指的是，经济增长中扣除了要素投入（如劳动、资本）的贡献份额后，由技术创新和制度改进带来的贡献份额。

我们通过图 2 - 4 可以看到东亚国家和地区 1965～2009 年劳动生产率的变化。图中东亚国家和地区劳动生产率逐渐提高，与原来处于一个水平的阿根廷拉开了距离；尽管与美国仍有不小的差距，但有所缩小。其中，我们可以把劳动生产率提高分解为三部分，一部分是来源于人均有效资本投入的增加（比如添置更多的生产设备），一部分是人力资本的增加（如工人教育程度的提高），而最后一部分则是效率的提高，即不能由投入的增长来解释生产率提高的部分。我们把这最后一部分增长称为全要素生产率的增长，它的来源包括技术进步、制度的改革和创新等因素。

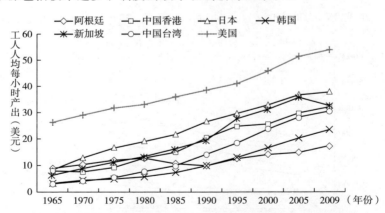

图 2 - 4　东亚国家和地区 1965～2009 年劳动生产率的变化

注：工人人均每小时产出按照 2005 年美元来度量。

数据来源：Penn World Table 7.0。

20世纪90年代初期，在广义上的东亚模式国家和地区的经济增长中，大约有2/3来源于人力资源、物质资本和劳动力要素，有1/3来源于TFP的提高。相比于同期其他发展中国家，1/3是一个相当大的数字，这在一定程度上解释了为什么东亚地区能够在这近30年中实现经济的高速发展，日益接近先进的工业化国家（世界银行，1995）。

我们从图2-4中工人劳动生产率的变化也可以看到，东亚模式的国家和地区在90年代与欧美先进的工业化国家仍然有较大差距。尤其是"四小龙"中的韩国和中国台湾，其工业的先进生产技术依然以靠进口和购买工业化国家的专利为主。因此，这值得我们去重新审视TFP对东亚国家的贡献。有人开始挑战世界银行的观点，认为在"四小龙"以及其他东南亚国家和地区中，经济增长最大的贡献来自物质资本的积累，而TFP的贡献几乎可以忽略不计（Young，1994；Kim and Lau，1994）。因此，东亚国家和地区能够取得经济高速增长的原因在于要素投入，这种增长是不可持续的，也必然会崩溃。而这种发展模式对依靠技术进步的西方国家并不具有示范作用，东亚国家和地区只是"纸老虎"而已（Kugman，1994）。之后，1997年亚洲金融危机的爆发，使东亚经济陷入低谷，似乎也印证了克鲁格曼的论断。但是，他们的结论却与东亚国家和地区确实有技术进步的事实相悖，而且东亚经济也并没有如克鲁格曼所言在金融危机之后崩溃。因此，我们完全没有必要受困于TFP的测定争论，而应当从东亚国家和地区TFP变化的背后挖掘出经济增长的来源。所以，从某种意义上来说，关于全要素生产率的争论意义不大（斯蒂格利茨，2003）。

Crafts（1998）修正了之前Young等人计算TFP的方法，他主要针对于发达国家和发展中国家具有不同的生产弹性的事实，将增长的核算方法做了一点调整，得出了不同因素对增长的贡献（见表2-1）。Crafts的研究表明，在亚洲金融危机之前，经济增长的各种来源中，物质资本依然是第一，其次是人力资本，而最后才是TFP。日本和"四小龙"的TFP对经济增长的贡献率在18%~39%，这远远

表 2 - 1 增长的来源：1950 ~ 1973 年的欧洲和日本
以及 1960 ~ 1994 年的东亚

单位：百分比/年

时期和经济体	资本	劳动	TFP	TFP 贡献率	产出增长率
1950 ~ 1973					
法　国	1.6	0.3	3.1	62	5.0
意大利	1.6	0.2	3.2	64	5.0
日　本	3.1	2.5	3.6	39	9.2
英　国	1.6	0.2	1.2	40	3.0
西　德	2.2	0.5	3.3	55	6.0
1960 ~ 1994					
中国香港	2.8	2.1	2.4	32.8	7.3
中国台湾	4.1	2.4	2.0	23.5	8.5
新加坡	4.4	2.2	1.5	18.5	8.1
韩国	4.3	2.5	1.5	18.1	8.3
泰国	3.7	2.0	1.8	24	7.5
马来西亚	3.4	2.5	0.9	13	6.8
印度尼西亚	2.9	1.9	0.8	14.3	5.6

资料来源：Crafts（1998）。

低于发达国家水平。而且东亚国家和地区（除日本外），TFP 水平
远远低于欧洲发达国家在 10 年前的水平。

　　为何东亚国家和地区的 TFP 和发达国家相比仍然偏低呢？在经
济高速增长期时，东亚模式国家和地区的政府对经济进行较多的干
预，制定了很多产业振兴的政策。同时，政府主导产业投资，并通
过各种渠道购买先进技术，以缩小和发达国家的技术差距，而这种
技术进步可能是政府高投资的副产品，因此这导致 TFP 值计算出来
不高（斯蒂格利茨，2003）。这一点我们也可以从表 2 - 1 中看到。
在东亚地区的经济增长中，物质资本贡献最大。此外，发达国家的
技术已经处于前沿，要想取得技术进步，必须进行研发；而研发的
投入在计算经济增长时并不包括在资本要素投入内，依靠这种方式

取得的技术进步即是全要素生产率提高带来的贡献。发展中国家技术进步可以通过购买先进技术以缩小和发达国家的技术差距，比较普遍的方式便是购买先进的机器，而这种技术进步往往包含在资本要素投入内，不算作全要素生产率的提高。因此全要素生产率贡献低，技术进步明显的事实，是经济体处在发展初期的必然结果。而这种局面只有在自己的产业技术处于最前沿时才会改变（Chen，1997；林毅夫，2007）。

在基于投资的发展阶段，如果仅仅依靠资金购买技术，就可以缩小与发达国家的技术差距，那么很多发展中国家也可以实现技术进步。然而，事实却是日本和"四小龙"实现了，而很多发展中国家却不能实现。这体现了东亚模式的优越之处，其主要原因在于东亚模式的政府更加注重资本积累（斯蒂格利茨，2003）。我们通过表 2－2 可以看到，东亚地区（包括广义上的东亚模式国家和地区，

表 2－2　1960～1994 年资本存量增长率

单位：%

国家和地区	资本存量年均增长率
东亚地区	9.9
韩国	12.6
新加坡	13.1
中国台湾	12.2
印度尼西亚	8.3
泰国	10.6
马来西亚	10
菲律宾	6
南亚	5.2
非洲	4.8
中东	7.1
拉丁美洲	5.4
工业化国家	4.5

资料来源：Collins and Bosworth（1996）。

不含日本）的资本存量年均增长率远高于同时期的其他发展中国家和发达国家。但显然仅仅注重资本积累也是不够的，在整个东亚地区，"四小龙"与东南亚新兴工业化国家（马来西亚、印度尼西亚、泰国）相比，其技术进步更加明显。其中一个很重要原因就在于"四小龙"的政府更加开放，投资也更加有效率。而反观东南亚新兴工业化国家，在资本积累的过程中，在20世纪80年代和90年代都做出了很多非常错误的投资决策，而这些决策毫无疑问降低了它们的技术进步率（Pack，2001）。

还有一个很重要的原因在于"四小龙"对教育更加重视，这点我们也可以通过表2-3发现。东南亚新兴工业化国家与中国台湾和韩国的教育水平相比仍有较大差距，比如泰国，在1992年人均GDP与

表 2 - 3　入学率差异

单位：%

国家或地区	总体入学率	
	小学	中学
人均 GDP（5600 美元）		
韩国（1988）	104	87
中国台湾（1985）	99	90
日本（1965）	100	82
马来西亚（1992）	93	60
人均 GDP（3930 美元）		
韩国（1984）	99	91
中国台湾（1978）	101	76
泰国（1992）	99	37
人均 GDP（2040 美元）		
韩国（1973）	104	51
中国台湾（1969）	98	资料缺失
印度尼西亚（1992）	114	43
泰国（1978）	98	28
马来西亚（1970）	87	34

资料来源：Booth（1999）。

1984 年的韩国和 1978 年的中国台湾相当时,中学入学率却连它们的一半都不到。而这种教育水平的差异很可能是导致两个地区在投资效率和吸收技术水平上产生差异的重要原因(Booth,1999)。

1997 年爆发的亚洲金融危机,对东亚经济造成了很大冲击,但短短几年内,东亚模式下的经济体就顺利摆脱金融危机的影响。一方面,这与东亚政府采取了正确的政策去应对金融危机有关;另一方面,也与东亚在金融危机后的技术进步有关。从图 2-5 中我们可以看到,相对于表 2-1,日本在金融危机后 TFP 对经济增长的贡献率已经超过了一半,韩国在金融危机前后 TFP 对经济增长贡献稳中有升,唯独中国台湾地区在金融危机后 TFP 对经济增长的贡献率出现了下降。日本 TFP 贡献率上升得益于其雄厚的经济基础和日本公司在国际市场逐步占据一席之地。1997 年金融危机对日本的影响,主要体现在部分负债率较高的金融企业破产,并未对日本实体经济造成深层次的影响。韩国是受 1997 年金融危机影响最深的地区之一,大量前期盲目扩张而债台高筑的大型企业面临破产从而重创韩国实体经济。面对这一危机,韩国政府推进了对政企关系的改革。而在振兴实体经济方面,韩国政府一方面推动企业经营模式改革并学习国际先进模式,另一方面大力扶植高科技企业,尤其是鼓励支持 IT 信息产业和 LCD 液晶面板产业。金融危机后韩国企业在政府的支持下投入大量的资金应用于研究与开发(R&D),不断抢占市场先机,直至今日,以三星和 LG 为代表的韩国企业已经处于行业内的领先水平。借助于经济复苏和韩国企业在高科技方面的巨大成就,韩国金融危机后 TFP 对经济的贡献率稳中有升。与韩国和日本形成鲜明对比的是中国台湾,台湾因为有充足的外汇储备和较少的短期债务而安然度过了金融危机,但是之后台湾在尖端科技发展方面却落后于日韩两国。从图中我们也可以看到台湾 TFP 贡献率反常地出现了倒退,这很大程度上归咎于台湾在政党轮替后行政执行力的下降。台湾当局在金融危机后制定了"两兆双星"计划以加速产业升级和推动科技进步,然而在具体实施方面却不尽如人意。台湾企业过于依赖先进国家的关键技术，使得自己在尖端信息产业方面一直遭遇瓶颈而无法突破，台湾并未跳出技术输入地区的框架限制。台湾 TFP 贡献率下降还有一个重要原因，那就是与大陆贸易的增加导致了贸易对经济的增长贡献率不断上升，从而削弱了内源性技术创新的动力。

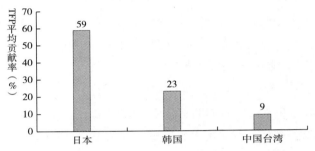

图 2 - 5　2000 ~ 2005 年东亚地区 TFP 的平均贡献率

数据来源：Itō, T.（2010）。

经济结构变迁

库兹涅茨事实（Kuznets Facts）是库兹涅茨关于经济发展过程中经济体发生的结构性变化的描述。具体而言，伴随着经济发展，组成国民经济的三大产业比重会发生变化。其中第一产业（农业）的比重不断下降，第二产业（工业）经历先上升后下降的过程，第三产业（服务业）比重持续上升。而在这一过程中，社会从收入相对比较公平的农业社会转为早期的工业社会时，由于劳动力大量转入收入较高的第二产业，收入差距会随着经济发展不断拉大，然后进入一个短暂的稳定期，之后随着社会工业化的完成，收入差距又开始逐渐缩小。

东亚模式的国家和地区的经济转型是否也如库兹涅茨事实描述的那样呢？通过图 2 - 6 ~ 图 2 - 8，我们可以看到东亚模式国家和地区在几十年经济高速增长的同时，其产业结构得到了很大改善（1950 ~ 1973 年的日本，1970 ~ 1995 的韩国和中国台湾）。这些经济体的产业结构正如库兹涅茨事实所描述的那样，第一产业比重不断下降，而第三产业比重不断上升，第二产业比重则经历了先上升后下降的过程，呈现倒"U"形。而完成这一过程东亚国家和地区仅仅用了30多年，这与早期的工业化国家相比快了很多，比如法国完成类似的转型用了84年（Kuznets，1957）。从图2-6~图2-8中我们还可以发现它们的基尼系数并未如库兹涅茨所描述的那样随经济的发展呈现倒"U"形变化，如图所示，这三个国家和地区的基尼系数在经济发展的过程中并没有拉大，有的甚至有所下降（比如台湾）。经济高速增长的同时，社会收入差距却始终能被控制在较为合理的区间内，这种"共享式增长"（inclusive growth）也正是东亚模式最值得称赞的地方。

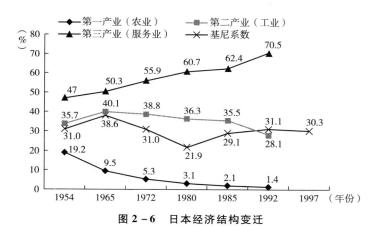

图2-6　日本经济结构变迁

数据来源：产业结构变迁来源于日本经济企画厅资料，基尼系数来源于日本总务省统计局。

东亚模式的产业结构调整过程具有较强的共性。这些国家和地区都具有面积狭小、资源相对贫乏的先天劣势，而且经历过二战和内战的创伤，资本相当匮乏，市场高度不完全。为此，政府都采取了相应的产业政策，以发挥自身的比较优势和扬长避短。表2-4列举了不同阶段的产业调整过程，我们可以看到在经济发展早期主要以劳动密集型产业为主，在完成资本积累后，逐渐向资本密集型产业转变；在这之前，第二产业的比重不断上升。而进入第三阶段，即重化工产业向技术密集产业转变后，第二产业的比重也迎来

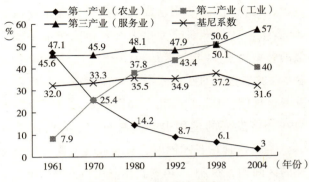

图 2 - 7　韩国经济结构变迁

数据来源：产业结构变迁来源于中国改革网和斯蒂格利茨 (2003)，基尼系数来源于 World Bank Data。

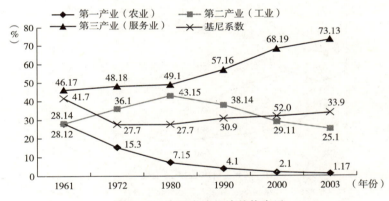

图 2 - 8　中国台湾经济结构变迁

数据来源：产业结构变迁来源于台湾"行政院"主计处资料，基尼系数来源于台湾 CSO 2003。

了拐点，开始下降。从图 2 - 9 中我们也可以看到，投资率也是随着经济发展呈现倒"U"形的，如果我们将图 2 - 6～图 2 - 8 和图 2 - 9相比较，可以发现投资率和第二产业的拐点基本一致（日本在 20 世纪 70 年代中期，中国台湾地区在 80 年代，韩国在 90 年代）。这也标志着产业结构升级的开始，从粗放型的经济增长模式向集约型的经济增长模式转变。而进入第四阶段（日本从 1999 年后已经进入这一阶段，而韩国仍在转变中）后，产业向知识密集的高新技术产业发展，并且不断发展金融和现代服务业，这一转变也进一步导致了第二产业的比重下降和第三产业比重的持续上升。不同国家之间虽然不是同一时间发生产业调整的，但是所走的路径却是大同小异，著名的"雁形假说"总结了这种现象。早期的日本，劳动密集型产业所占比重很高，而后一直呈下降趋势，与此同时，后发的韩国和中国台湾的劳动密集型产业比重开始上升。而随后，韩国和中国台湾的劳动密集型产业比重也下降，同时更后进的马来西亚、印度尼西亚等国劳动密集型产业比重却开始上升。此外日本的资本密集产业呈现先上升后下降的现象，技术密集产业呈现了持续上升的现象。而这些现象也如前面劳动密集产业一样，出现了由日本向韩国和中国

表 2 - 4　不同阶段的产业调整过程

阶段	第一阶段	第二阶段	第三阶段	第四阶段
产业结构调整特点	以农业为主导的产业向以轻纺业等劳动密集型产业转变	由劳动密集型产业向资本密集型的重化工产业转变	由重化工产业向技术密集的信息产业转变	大力发展知识密集的高新技术产业以及金融和现代服务业

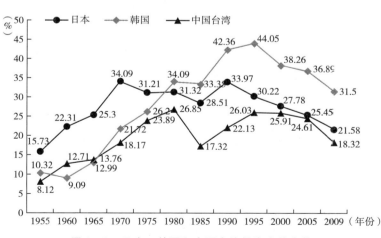

图 2 - 9　日本、韩国和中国台湾投资率的变化

数据来源：Penn World Table 7.0。

台湾，再向马来西亚、印度尼西亚等国传递的情况（斯蒂格利茨，2003）。这种"雁形假说"式的产业转移是各个经济体根据自己的要素禀赋选择关键产业的结果，而正是这种在不同时期选择正确的产业来发挥自己比较优势的策略，成为日本和"四小龙"经济成功的核心（林毅夫，2007）。

政治模式

东亚模式的国家和地区从二战以后，伴随着工业化的进程，政治体制也在经历着变革。虽然政治变革路径各有不同，但是共同特征还是很明显的：经历了威权主义时代和强人政治，到最后的多元化的自由民主时代。在威权主义时代，政府高度集中政治权力，拥有干预经济的绝对权力，公民虽有表达民意和相对的言论自由，但都不得威胁到政府的权威，这时的经济也易受政府控制。但威权主义不同于传统的封建统治，它并没有完全控制经济。而在自由民主时代，政府的权力也仅限在公共服务领域，公民享有充分的权利去参与社会和经济活动，此时社会专业化程度很高，经济也以市场为导向。从威权政治到自由民主，正体现了这些国家和地区的制度上的"脱嵌"过程。

日本经济起飞虽然始于二战后，但日本的工业化却要追溯到明治维新时代。明治维新前，日本是落后的农业国家。为了改变这种局面，明治天皇推行"全盘西化"的政策，扫除传统势力对市场化的束缚，比如开始注重保护产权，允许人民自由迁徙和就业，鼓励自由贸易，同时引进西方先进的公司企业制度。政治上实行西方的"三权分立"，但却保留了天皇至高无上的权力。我们可以想象，如果没有明治天皇利用自己的威权，奠定社会市场化的基础，整合日本国内资源，那么日本这样资源匮乏的岛国是很难开始工业化的。

二战战败后，美国托管日本，对日本宪法进行了改革。日本开始实行以"三权分立"为基础的议会内阁制，同时天皇再也没有权力去干涉政府，仅仅作为国家的象征。在之后相当长的时间内，日本社会依然是一个"嵌入性"很高的社会。在经济方面，日本政府涉足很多产业的迹象随处可见，有大量限制保护性的法规存在。据日本公正委员会调查，90 年代初，受政府直接限制的产业部门按附加值计算的产值，占产业部门总产值的近 40%，其中，建筑、金融、电力和采矿为 100%，运输和通信为 95.3%，服务业为 54.5%，制造业为 16%。直到 1993 年，日本"脱嵌"的速度才开始加快。自民党结束"一党独大"局面后，打着"改革"旗号的联合政党政府上台，才逐步改革政府集权的局面，放宽对民间企业的限制，渐渐剥离政府对社会的控制关系。在政治上，1955 年后自民党绝大多数时候都垄断了日本的首相职位，可谓"一党独大"。

韩国在二战前一直是日本的殖民地。二战结束国家光复后，在美国的帮助下，韩国建立了"三权分立"的政治体制。但是由于受朝鲜战争和美国军事管制的影响，韩国一直由李承晚的军人政权掌控。但同时美国对韩国的干涉既促进了民主改革，又维护了韩国的威权主义统治。随着经济的发展，韩国内部的民主化呼声也越来越高，并于 1980 年爆发了著名的"光州事件"，最终导致了军人政府的垮台。1987 年全斗焕下台标志着韩国由威权政府开始向民主政府转变。回过头来看，韩国的威权政府在一系列市场化的改革和创建市场经济所需要的公平环境中起了极其关键的作用。同时，政府对经济进行强有力的干预，制定国家发展的"五年计划"，引导产业发展。尤其是朴正熙总统 1961 年上台后，创建了强有力的经济计划委员会，赋予其广泛的预算权力，并通过控制银行以增强对大型企业的调控，与此同时又推动出口鼓励战略，最终使得韩国走上经济高速发展的道路，创造了"汉江奇迹"。但由于威权时代政府对大财团的扶植，导致了韩国政府在后面的民主化改革中步履维艰。政府对财团扮演着担保人和管制者的双重角色，使得韩国政企关系扭曲。大企业过度扩张而大量举债，但政府又监管不力，最终使得大量资本外逃，加深债务危机。1997 年金融危机的爆发以及 IMF 的介入，使得韩国新一届的政府开始痛定思痛，推行政府改革，对经济从直接干预逐渐转变为间接关系，并逐步剥离和大财团的矛盾关系，鼓励金融自由化和开放外资进入。韩国较为彻底的改革短期内承受了巨大的痛苦，但是也使得韩国第一个走出了亚洲金融危机的影响，从图 2 – 3 中我们也可看到进入 21 世纪后韩国经济依然保持着稳定增长。不过韩国根深蒂固的官办金融和大财团的影响，依然使得韩国的改革任重而道远。这次进入危机对韩国经济的"脱嵌"起到了重要作用。

中国台湾地区也经历了与韩国类似的政治历程。在政治方面，国民党内战失利败退台湾后，开始清理异己，加强政府的控制力。在经济飞速发展的同时，台湾社会要求民主的呼声越来越大，"美丽岛"和"江南案"等标志性事件的发生，使得威权主义统治的合法性岌岌可危。面对这种情况，蒋经国选择了主动改革的策略，于是国民党当局开放党禁和报禁，推动台湾社会"民主化"。自此台湾政治体制也步入了新阶段。其后，李登辉又推行"全民选举"。在 2000 年时，国民党在民主选举中下台，台湾首次实现了政党轮替执政。台湾当局在 1947 年开始推行"耕者有其田"的土地改革，这一成功的土地改革使得台湾成为世界上收入分配最公平的经济体之一（世界银行，1995）。1953 年后，台湾开始制定和实施四年计划，逐步提高工业基础和促进产业发展。与此同时从 1950 年到 1965 年，美国对台湾实施经济和技术援助，其中"贷款形式"的援助在这 15 年当中达到了 14.8 亿美元。蒋经国主政台湾后，政府又开始推动"十大建设"，鼓励出口导向的中小企业发展，使得台湾经济迅速起飞。1990 年后，随着政治转向民主化，政府也逐渐放宽对经济领域的限制，推动公有企业民营化。进入 21 世纪后政党轮替，在台湾社会标榜为"民主榜样"的同时，经济却开始出现了问题。在银行呆账和全球经济放缓冲击下，台湾经济 2001 年出现了战后的首次负增长，直到 2003 年才开始回稳。全球对台湾贸易需求的减少，政党在"意识形态"方面无休止的斗争以及对电子产业孤注一掷的投入使得台湾在 21 世纪的头 10 年遭遇了发展瓶颈。这点我们也可以通过比较图 2 – 2 和图 2 – 3 来发现。

如果我们把东亚政治体制的变化和经济结构变迁结合起来看，可以发现两者有着密切的联系。威权主义统治的政治基础在于小农经济，此时政府可以通过提高福利水平来补偿公民政治权利的损失，从而维系自己的统治。另一方面，由于市场的不完全性，政府的干预在一定时间内可以更好地组织社会资源，推动经济发展。但随着经济结构的变迁，第一产业不断萎缩，以及第二和第三产业的发展，社会分工日益专业化，社会结构出现了分层，最终形成了不同的利益阶层，威权主义统治的社会基础也就消失了。与此同时，随着经济水平的提高，中产阶级的力量也不断壮大，公民对政治权利的呼声越来越高，民主化的浪潮也越来越高。此外，东亚国家和地区都是对外开放程度很高的地方，无论是政治上还是贸易上与西方（尤其是美国）联系都十分紧密，这使得年青一代的意识形态开始受西方影响，同时西方盟国（尤其是美国）对东亚政府民主化的压力也与日俱增，这些因素也对东亚政治模式转型有重大的影响。最后产业结构的变迁使得社会专业化程度上升和市场不断完善，社会开始"脱嵌"。于是自由民主的政治体制到来也是水到渠成。

三 历史比较视野下的东亚模式

如前文所述，二战以后，后进国家开始努力赶超先进国家，而最后真正成功的却只有东亚模式的国家和地区。原因何在？与它们相比，东亚模式成功在哪里？让我们先来回顾一下各国的发展情况，比较各国在 1960 年和 2006 年时经济增长情况与收入差距的关系（见图 2－10）。从图 2－10 中我们可以看到代表几个不同地区的国家（地区）的点的分布规律，以美国为参照系，拉美国家的代表阿根廷和巴西，在这几十年中，人均 GDP 增长倍数与美国相比略少，但是收入差距却扩大得更多；撒哈拉以南的非洲国家代表尼日利亚和肯尼亚则是另外一种情况，它们的经济与美国相比，增长得很少，但是收入差距却得到了缩小；代表东亚模式的日本、韩国和中国台湾，与美国相比，经济增长成果相当显著，尤其是韩国和中国台湾，都翻了 70~80 倍，而在收入差距方面则并没有扩大，韩国和日本几乎不变，台湾在经济增长的同时收入差距得到了缩小。

东亚模式的经济是二战后的发展经济中唯一不仅实现了经济赶超，而且实现了平等的包容性增长（inclusive growth）的典范。在本书我们将论证，东亚经济在 20 世纪 50 年代经济工业化之前进行的平均主义的土地改革，不仅为共享式的经济发展奠定了基础，而且还培育了庞大的中产阶级，为后来的政治转型也打下了深厚的社会基础。

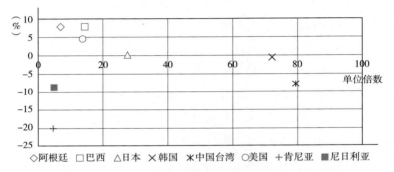

图 2-10　收入差距与人均 GDP 分布

注：日本的基尼系数差为 1960 年与 2002 年，台湾的基尼系数差为 1960 年与 2003 年，韩国的基尼系数差为 1960 年与 2006 年。

数据来源：World Bank Data；The World Fact Book。

落后国家赶超先进国家本来就是一件十分不容易的事情。东亚模式的国家和地区在赶超先进国家的路上也绝非一帆风顺，日本在 20 世纪 80 年代末就开始爆发经济危机，之后经济一直停滞不前，进入了"失去的十年"。而"四小龙"和东南亚国家也在 20 世纪 90 年代末遭受了金融危机。而这些危机也正是东亚国家从威权主义统治过渡到自由民主体制经历的制度空白造成的，社会并没有完全完成"脱嵌"过程。但不管如何，东亚国家在二战后取得的发展成就，是举世瞩目和引以为傲的。

第三章 嵌入性、自主性与发展模式：一个分类学

一 引言：经济发展之谜

为了更好地理解东亚模式，我们本章将东亚模式放在历史和国际比较的视野下进行分析。经济发展的过程是一个结构性转型的过程，涉及经济结构和政治结构的变化。如果拉长历史的镜头，将英国的工业革命看作人类现代经济增长的开端，那么在二战后至今半个多世纪的时间里，真正成功实现现代化，只有东亚模式下的少数国家和地区，它们进入了内生增长的发达国家行列。而纵观其他的发展中国家和地区，都陷入了某种"发展陷阱"，要么是"贫困陷阱"（如大部分非洲国家），要么是"中等收入陷阱"（如大部分拉美国家）。前者陷入传统的农业社会中，经济中的大部分人仍然留在传统农业部门工作，而没有享受到现代城市部门的高生产率，工业化和城市化高度不足，经济发展也停留在马尔萨斯阶段。后者的城市化过度则主要表现为，大量人口涌入城市部门，但城市并没有给他们提供足够的就业机会和发展空间，导致大量人口居住在贫民窟内，或者在非正规部门从事地下经济工作。根据联合国的数据，发展中国家城市人口有 1/3 生活在贫民窟中，而非洲则有 70% 的城市人口生活在贫民窟；而且近 10 年来，世界贫民窟的人口每天增加 600 万，2010 年有近 9 亿人口生活在贫民窟中。由于收入差距过

大，城市不仅不能成为经济增长的引擎，反而成为经济发展的包袱，这使得经济缺乏进一步发展的动力。

世界上只有少数国家和地区成功地跨越了发展陷阱这一"发展之谜"，对社会科学家来说是一个重大的理论挑战，但是迄今为止却没有一个自洽的理论体系对此提出科学的解释。本章试图发展出一个分析框架来理解和解释世界上不同的发展模式。破解这个发展之谜的关键是，理解经济结构与治理结构之间的内在互动关系，以及政府在经济发展和结构转型中所起的作用。这个分析框架有助于我们理解东亚模式的本质。

理解政府在经济发展中的作用，或者说市场与政府的关系，是理解不同经济发展模式的关键所在。政府在经济发展中应该起到什么作用，是经济学中最重要的问题之一，但也是最具有争议性的问题之一。特别的，在经济发展的过程中，政府到底应该多大程度地介入到经济过程中？或者用卡尔·波兰尼的话来说，经济活动多大程度上是"嵌入"政治过程中的？另外，在经济干预的过程中，政府应该多大程度上保持其自身的自主性（autonomy），即相对中性而不受不同利益集团的俘获？嵌入性和自主性的互动是如何影响经济发展过程的？这些问题都是至关重要的理论问题。

近年来发展中国家的经济发展实践告诉我们，政府太弱（最极端的情况是无政府状态）对经济发展是不利的；但政府太强，以至于超过了其应该承担的维持社会秩序、提供必需的公共品的范围，而侵犯产权，也会阻碍经济的发展。政治学家喜欢用国家能力（state capacity）来刻画政府的强弱，国家能力指的是政府汲取税收并用来维持社会秩序和提供公共品的能力。足够高的国家能力对于发展中国家的经济发展是必不可少的，特别是征税能力以及通过提供惠及全民的公共品（包括保护产权与维持法律秩序）来促进经济发展的能力。很多学者认为，撒哈拉沙漠以南非洲大部分国家经济发展长期落后的一个重要原因是其国家能力太弱，政权非常不稳定，很容易被推翻。这种情况下，政治精英就缺乏实施促进经济发展的长期政策的激励，转而通过寻租来追取短期的私人利益。这类国家被称为"失败型国家"（failure state）。可见，国家能力不仅要求政治的稳定性，还要求政府能够具有实施长期政策的一些必要的经济资源和政策工具，特别是其中的征税能力，从而保证社会合意的政策工具能够被有效实施。图 3 - 1 是学术界常用的 Polity IV 编制的世界各国的脆弱性指数 （Besley and Persson，2011）。从该图中可以看出，很多发展中国家，特别是非洲地区的发展中国家的国家能力是非常脆弱的，这严重地限制了其经济发展。

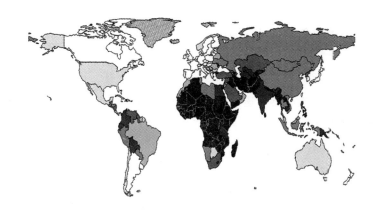

图 3 -1　Polity IV 国家脆弱性指数 （2009）
说明：颜色越深，表明国家越脆弱。

　　国家要实施有效的经济政策，使经济跳出"发展陷阱"并实现快速起飞，要求发展中国家的政治治理必须在重要的经济主体之间进行某种必要的"合作"，这种合作是国家能力得以实施的基础。我们后面将会详细论述，政府和重要的经济主体之间的密切合作，对于发展中国家的经济起飞具有特别重要的影响。从某种程度上来说，经济的起飞的启动是一种"伟大的合谋"：社会群体对于其目标及目标实现和分配达成足够的共识，形成稳定的预期。要实现这样的"合谋"或者"合作"，经济关系要"嵌入"到政治关系当中，而不能独立于政治关系，即社会制度具有

"嵌入性"。

"嵌入性"只能保证政府和经济主体之间的合作关系,但不能保证这种合作关系是最大化各个群体的社会福利之和的。要想这种合作关系能够保证最大化社会福利的政策得以实施,政府还必须具有"自主性",即政府不为利益集团所左右,从而可以实施最大化社会福利的政策。很多发展中国家的政府不乏国家能力,但是却为利益集团所左右,而失去了自主性,不能实施长期的发展政策,也不会保证可持续的经济增长。

就政府和市场的关系而言,从制度的层面来讲,自主性和嵌入性是发展中国家保证足够的国家能力、实现经济起飞的两个必要条件。在下一节中,我们将通过一个分析框架来论证,大部分发展中国家都具有较高的嵌入性,而缺乏足够的自主性。嵌入性与自主性之间存在着一种难以平衡的张力:太高的嵌入性往往会导致政治体系缺乏自主性,难以实施惠及大众的长期经济政策;太低的嵌入性则使得政治体系和经济体系难以实现有效合作,也难以取得快速的经济发展。根据嵌入性和自主性两个维度,我们大致可以将世界上的国家分为四个发展模式:低嵌入性、弱政府的国家;高嵌入性、低自主性的国家;低嵌入性、高自主性的国家;高嵌入性、高自主性的国家。

二 嵌入性、自主性与发展模式:一个理论框架

发展中国家的经济结构与发达国家的经济结构有着本质区别。其实,经济史学家格申克龙(Gerschenkron, 1962)很早就注意到这一点,他指出:"工业化进程在落后的国家启动的时候,往往表现出与发达国家很大的差别,不仅发展的速度(工业发展的速度)不同,而且在这个进程中工业的生产结构和组织结构也不同。更重要的是,工业发展的速度和特征的差别在很大程度上是运用了成熟的工业国家不具备的制度工具的结果。"换言之,不同的经济结构

意味着经济发展需要不同的经济制度和组织形式。

在我们看来，从经济上来说，发展中经济与发达经济从大的方面来看主要有两个根本的区别。首先，与市场完备的发达国家相比，发展中国家的市场往往是缺失的（incomplete markets），或者即使不是缺失的，往往也是高度不完美的（imperfect markets）。其次，从技术水平来说，发展中国家的技术水平往往远离世界技术可能性边界的前沿。

理解这两个区别是我们理解经济发展以及政府在经济发展中的作用的关键所在。市场不完全是发展中国家中非常普遍的现象，特别是金融市场和保险市场的缺失极大地限制了经济发展。这些市场的缺失意味着，很多潜在的经济发展机会没有得到充分的利用，即使经济中存在着很多潜在的帕累托改进（即使得所有人都有改进）的空间。而远离世界技术可能性边界的前沿则意味着，发展中国家可以学习或者模仿现成的技术，而不需要通过自己的创新和研发活动来开发新技术。但很多发展中国家没有发展起来的事实意味着，一定存在很多阻止发展中国家的人们充分利用现有技术的障碍。

这两点都意味着政府适当的政策干预可以改进资源配置。在市场缺失的情况下，政府可以通过互联性的制度安排等方法来实现帕累托改进。可以学习先进的技术意味着动员资源和稳定的投资关系更为重要，因此政府也可以在这些方面发挥重要的作用。本书中我们将政府在这两方面发挥作用的结构性政策统称为产业政策。也是在这个意义上，Acegmolu 等（2006）将发展中国家在经济起飞阶段的增长称为"基于投资的增长"（investment - based growth），而将处于世界技术可能性边界前沿的发达国家的那种经济增长称为"基于创新的增长"（innovation - based growth）。但是，需要指出的是，基于投资的发展潜力在大部分发展中国家也没有得到充分的发挥。

发展中经济与发达经济之间市场完全性之间的巨大差别对治理

制度（governance）有着重要的意义。市场不完全意味着，资源配置不能通过市场进行，而必须通过其他替代的组织方式进行。一种替代的组织方式是关系型合约（relational contract），所谓的关系型合约，指的是交易双方形成长期的关系，以克服市场缺失问题。由于双方的长期互动，可以克服一次性交易带来的道德风险和逆向选择问题，提高资源配置的效率。而且，在市场范围较小，并且相关市场缺失的情况下，经济主体之间的交易不仅是关系型的，而且还会跨越多个"市场"（这里的"市场"不是真正的匿名性的市场，而是人格化的交易），这被称为"互联的合约"。一个典型的例子是，在发展中经济的农业中，地主和佃农不仅在产品市场上发生交易（如佃农会购买地主的粮食），他们还会在劳动力市场（地主雇佣佃农）、信贷市场（如地主提供借贷给佃农）和保险市场（如分成租佃制）上同时发生互动。由于互联的市场会使得单一的市场上无利可图的关系型合约在互联的情况下变得可行，所以，市场的互联性扩大了可行的关系型合约的可行集合。而在社会分工程度高的现代发达经济中，人们在不同的专业化市场上与不同的经济主体进行交易。很多经济学家和人类学家都认为，人们之间这种合约关系的区别是传统社会和现代社会的本质区别（Bailey，1966）。的确，我们稍后会分析，交易结构互联性和关系性如何会内生地决定经济组织和发展的模式。

在市场不完全的情况下，这种互联的关系型合约意味着经济关系是嵌入到社会和政治结构之中的。市场越不完全，这种"嵌入性"就越强。嵌入性可以体现在两个不同的层次上。一个层次的嵌入性发生在经济主体之间这种微观层面，如前面我们描述的地主和佃农之间的关系：由于相关（信贷、保险等）市场的缺失，经济主体之间的交易（交往）关系跨越了多个"维度"，从而经济关系很难从其他的社会关系中独立出来。前面我们提到的农业社会中的地主和佃农之间的关系就属于这样一类嵌入性。应该说，在发展中国家，由于相关市场的缺失，这种层次的嵌入性是普遍存在的。这种嵌入性的存在，在一定程度上克服了市场缺失问题。另一个层次的嵌入性发生在宏观层面，是政治经济学上的嵌入性，表现为政府与某些社会主体（如产业和企业）之间的多维的互动（当然还有很多中间层次的嵌入性，如存在社区和部落层面的嵌入性）。一个典型的例子是我们本书中讨论的东亚模式。东亚模式的最重要特征是政治经济中的嵌入性，即政府与企业在多个维度上的长期关系。我们将在下一章深入全面地分析东亚的这种嵌入性体制是如何运作的。由于本章分析的是比较宏大的发展模式问题，我们将侧重分析第二个层面的嵌入性，尽管第一个层面的嵌入性对于第二个层面的嵌入性也具有重要的意义（我们将在第六章的分析中涉及社区层面的嵌入性）。

由于市场的不完全性，所有的发展中国家都具有第一个层面的嵌入性，即经济关系嵌入到社会关系当中。然而，不是所有的发展中经济都具有第二个层面上的嵌入性，即政治经济层面的嵌入性，即经济关系嵌入到大的政治关系中。这是因为，在整个国家层面上的嵌入性需要一些特殊的条件。第一，整个社会的主要博弈方必须对于他们的"合作剩余"及其分享规则达成足够的共识，形成稳定的预期；第二，这种合作剩余往往只有通过长期的博弈形成的合作关系才能实现。在本书中，我们将更多地分析这种政治经济层面的嵌入性，因为它是区分不同发展模式的关键所在。

但对于大多数发展中国家来说，要同时满足这两个条件、实现政治经济层面上的嵌入性并非易事。这是因为社会的主要博弈方要对合作的方式、成本的分担和合作成果的分享等形成具有足够承诺力的显性或者隐性合约。但在发展中国家，市场的缺失和社会异质性的存在（从而政治合约的不完备性），使得通过市场和制度这两种方式的合作都难以达成。

这两个条件在同质性的社会里更容易得到满足。同质性的社会是那些在民族、语言、宗教信仰、收入等方面更均质化的社会，如德国、日本、韩国、中国台湾地区和改革开放初的中国大陆等。最近的经济学研究表明，在这些维度上异质性越强的发展中国家（众多的非洲国家），其社会冲突（包括内战）越频繁和严重，经济发展也长期陷入停滞。在这些国家，社会很难在整个政治经济层面上形成一个嵌入型体制，来共享长期的"合作剩余"。这是因为，异质性更强的社会，不同社会群体之间的讨价还价的交易费用很高，很难对全局性的公共品的提供形成足够的共识。由于市场的不完全，这类国家在更低的局部层面（如部落、种族等）上，也具有嵌入性，社会群体层面上的嵌入性帮助它们克服市场缺失问题（如提供相互保险），并提供其他公共品；但这类国家在整个社会的层面，难以形成足够的国家意志和共识。政治学家称这类国家普遍存在着"国家建设问题"（state - building）或者国家能力问题，这类国家通常就是我们前文提到的"失败型国家"。这类国家在政治制度上的一个特征是，由于社会难以在（广义的）公共品的提供方面达成足够的共识，难以形成一个代表社会共识、加总社会偏好的具有合法性的政府，也不存在政治意义上的"国家"（nation），而只有领土意义上的"国家"（country）。这些国家往往长期陷入各种形式的国内冲突，极端的形式如不同部落或者利益集团的内战；名义上存在的"政府"失去了其"自主性"，往往沦为某些社会群体或者利益集团的代言人，而不能实施惠及全民的政策。

嵌入性只是后进国家在较短的时间内实现经济赶超的一个必要条件，而只有同时具备了自主性的国家才有可能实现经济的赶超。历史地看，成功实现经济赶超的后进国家（地区）都是具有一定自主性的嵌入型国家（地区），如19世纪的德国，也包括"东亚模式"中的韩国、中国台湾。

资源禀赋的平等性是决定自主性的重要因素，资源禀赋高度不平等的国家，政府的自主性一般较低。拉丁美洲国家就是这方面的例子，由于社会资源和初始禀赋的高度不平等，政府很容易被社会精英和利益集团所控制，从而丧失了其自主性，不可能实施惠及全民的有效率的经济政策，从而也谈不上有什么国家能力。

三　经济发展模式的四个世界

我们现在根据上面发展模式的分类学，解释为什么不同的国家会有不同的发展模式，对不同类型的发展国家进行更具体的分析。

第一类国家是那些低嵌入性、弱政府的国家。这类国家缺乏有权威的中央政府和维持经济和社会发展必需的法律和秩序，从而不能提供相应的公共品；社会权力往往分散到诸多部落和其他非正式组织中去。由于政府太弱，甚至处于无政府状态，所以也谈不上政府的自主性的高低了。

非洲的很多国家就属于这种类型。由于历史原因，许多非洲国家对国家的认同感较差，而是由各个部落在实际管理。各个部落之间又相对较为独立，非洲的社会也不可能拥有成熟的市场体系。另一方面，政府也很难对社会形成有力的干预，其社会的嵌入性就更多地体现在部落内部。这种情况的高嵌入性也大大降低了非洲国家的国家能力（state capacity），非洲部落和地区间的严重分割导致局部冲突不断，严重影响社会的稳定，从而阻碍经济发展，再影响政府的税源，削弱财政能力（fisical capacity）。而财政能力的削弱，又使政府没有能力去提高自己的法制能力，即没有能力去维护一个好的制度。而反过来，这又无法为经济增长创造良好的环境，从而继续降低财政能力，陷入恶性循环，国家能力不断下降（Besley and Persson，2011）。而羸弱的国家能力使得政府极度不稳定，政治精英也就缺乏实施促进国家长久发展政策的激励，转而通过短期寻租行为来追求私利，使得腐败现象十分严重。这就不难理解为什么非洲政府表面上看起来是为了谋求经济发展，其实是为了争取乡村和城市精英的支持，增加城市官员的利益，以维系这些利益集团的向心力（Bates，1981），因此我们见到的非洲依然是一个政府无力、派系军事冲突频发、人民生活水平低下的地区。

直到 19 世纪初,非洲的大部分地区都缺乏政治上集权的国家为经济发展提供最起码的法律和秩序。例如,索马里就是这样一个缺乏政治集权的国家,整个社会分化成了几个势均力敌的部族(clan),它们为争取控制全国的政治权力而斗争。在这样的社会中,不存在一个足以维持社会法律和秩序的中央政府,就连最起码的居民的人身安全都不能保证。在索马里这样的国家,政治权力高度分散在部族中,没有哪个部族会尊重其他部族的权威,没有谁(即便当时的英国殖民政府)能够在整个社会的层面维持社会秩序。缺乏足够的法律和秩序来保护产权,有效率的投资便不能发生,这使得索马里不能受益于工业革命带来的组织和技术进步(Acemoglu and Robinson,2012)。

实际上,非洲特别是撒哈拉沙漠以南的非洲有很多类似索马里这样的国家。这些国家的政治力量固然是多元化的,却不是现代民主社会中的互相制衡的多元,而是无政府状态下的沿着不同的族群的互相冲突的多元化。不同的政治力量为之斗争的是试图控制其他部族的政治权力,由于政治权力的不可分性和不可共享性,这些部族之间难以实现合作,长期的(和平与增长带来的)合作剩余不可能实现。

这种只有政治多元化而没有政治集权的无政府状态也许是一种极端情形;另外一种情形是:有政治上的集权,但政府沦为某些精英集团谋求私利的工具,而缺乏自主性。这类国家具有"高嵌入性"和"低自主性"的特点。这类发展模式的一个特点是,经济活动高度嵌入到政治过程中,政府缺乏自主性。很多非洲和拉丁美洲国家,属于这一类型的发展模式,政治学者将其称为掠夺型国家(predatory state)。我们不妨以拉丁美洲为例来说明。15 世纪末哥伦布发现新大陆后,西班牙和葡萄牙的殖民者就开始在中南美洲进行殖民。西班牙殖民者将本国权贵精英的政治结构和不平等的经济结构也带到了拉丁美洲。由于拉丁美洲的地理和气候比较适合种植甘蔗等农作物的大庄园的农业模式和 16 ~ 19 世纪大量的黑奴从非洲被贩卖到美洲，这种格局得到了强化。因此，从 16 世纪起，拉丁美洲就是一个高度不平等的社会。这种不平等不仅表现在收入上，一开始更重要地还表现在人们不平等的政治和经济权利上。西班牙来的政治精英不仅垄断着政治资源，而且还控制着大部分经济资源。

特别的，拉丁美洲国家在工业化前并没有处理好要素禀赋的公平分配问题，尤其是土地分配。拉丁美洲的土地由于历史原因，被少数大庄园主和海外公司垄断，而广大农民手中缺乏土地。20 世纪后，拉美国家开始实行土地改革，然而除了古巴、智利和秘鲁等少数国家实行比较彻底的土地改革外，许多国家，比如阿根廷、巴西并没有实施打破土地垄断的土地改革，他们仅仅是将偏远地区的土地分配给农民，而大地主凭借着手中的土地资本逐步走上资本主义生产道路，称为社会上最富裕的人群。而原本没有土地的农民依旧无法改变贫穷的命运，他们没有土地要素，在社会中的谈判力比较低，从而他们也就没有积极性投资于人力资本，久而久之，社会收入差距就拉大了。另一方面，在社会发展初级阶段，市场还不够完备，拉美国家却效仿欧美实现市场的自由化，社会的低嵌入性反而令社会更加不稳定。因为收入差距扩大，社会分化严重，政府的决策就容易被国内外的大财团所左右，从而丧失自己的自主性，不利于经济长期稳定的发展。

这些国家的政治制度和经济制度都是高度攫取性的（extrac-tive）。攫取性的政治制度和经济制度是互补的，并且是相互强化的：攫取性的政治制度使得精英可以创造攫取更多的经济资源，这使得权力更有价值，他们就会创造出更具攫取性的政治制度和经济制度；精英获取的更多的经济资源使得他们可以更好地巩固攫取性的政治制度和经济制度。这样就形成了一个难以跳出去的恶性循环的发展陷阱。由于这种高度攫取性的制度，大部分民众不能充分地分享经济发展的成果，他们就不会有足够的激励投资于教育等人力资本，也没有充分的激励来从事创新和创业活动，会阻碍可持续的经济发展。这类高度攫取性的国家在一定的时间内也可能会取得比较高的经济发展水平。从 17 世纪初到 18 世纪末，海地是世界上人均收入最高的国家之一。但是由于其高度攫取性的制度，这种模式不能保证持久的经济繁荣，而今天海地则成为世界上收入最低的国家之一。

印度则介于这两种发展模式之间。印度在政治上是一个相当分权的体制，民族、语言、宗教信仰等的多样性，使得政治上的分权治理是唯一可行的政治结构。印度政治分权有着悠久的历史背景。历史上的印度始终处于外族入侵和列国纷争的分裂局面，它几乎从未实现过国家的完全统一，因此也从未建立过强大的中央集权统治。英国殖民主义者声称统一了印度，但在约 2/5 的领土上仍有数百个大大小小的土邦以独立或半独立的形式林立于次大陆。长期的王国林立和地区政治势力割据不仅使印度人形成了根深蒂固的地区意识、种族意识和语言意识，而且也使印度的政治文化具有很大的多元性和分散性。各邦在不同种族基础上发展起来的地区政治文化具有相当大的差异，这种差异甚至不亚于欧洲各民族国家之间的差异。印度在独立后，虽然名义上实行联邦制的国家结构，但是联邦政府为加强国家的统一而采取了中央高度集权的做法，中央与各邦的矛盾一直比较突出，许多代表地区种族主义势力的政党要求扩大自治权的呼声一直存在。20 世纪 50 年代中期，印度政府在国内少数种族的强烈要求下，按照种族和语言的标准划分了各邦。这种划分一定程度上缓解了种族之间的矛盾，但同时也助长了地区种族主义的发展和政党政治地区化的趋势。因此，印度的地区政党一般都是代表某一邦的地区利益或者是某一特殊种族、语言、宗教或种姓集团的利益，因此在地方上有着深厚的社会基础。

社会和政治的多样性和分权，极大地限制了印度中央政府提供全局性公共品的能力。因为社会就公共品提供很难达成足够的共识，本来很多可以促进经济发展的帕累托有效的政策也难以出台，更谈不上实施了。经济学家们发现，当谈判的各方在存在信息和沟通等方面的成本的情况下，帕累托有效的安排往往难以出现（Myerson and Satterthwaite，1983）。在异质性很高的社会，更容易出现这种情况。

北美的发展模式与拉丁美洲的截然不同。经济史学家认为，与前述的拉丁美洲相反，北美洲的自然禀赋（地理和气候）不适合发展南美洲的大庄园农业，因此当地并没有多少黑奴从非洲贩运过去（特别是 Chesapeake 以北地区），当地的劳动力主要以欧洲移民过来的白人为主，由于免费的开放土地开发，他们的人力资本水平较高，而且水平也比较相近，人口比较同质化。自耕农的农业使得社会财富的分配比较平等。即使在美国南方地区（在美国内战前）有以奴隶制为主的棉花种植园，但规模与不平等程度还是远远低于南美洲欧洲殖民地的情况（Engerman and Sokollof，2000）。

初始禀赋的平等性对后来的政治制度和经济制度的演进具有重要的意义。首先，对于社会契约的设计来说，由于初始禀赋的平等性和人们的同质性，这种设计最接近理论上的最理想状态：每个人都不能确切地知道自己未来的类型，社会契约好像是在一道"无知之幕"后设计出来的。它可以说是一个社会的"元制度"，是关于"规则的规则"。在这种理想的元制度下，其他更具体的政治制度和经济制度在一个平等的社会中都会比较符合社会效率，都会最大化事前的社会福利。包容性的政治制度和经济制度会提高每个人投资于人力资本的积极性。所以，在经济发展到以创新阶段为主的时候，这种包容性的制度就变得更加重要。北美的经济发展和社会制度的历史演进清楚地说明了这一点。而在一个初始禀赋不平等的社会中（像拉丁美洲），不仅社会契约的设计是偏向精英群体的，而且在更具体的政策制定阶段，政策的制定也会倾向于优先考虑精英群体的利益，而忽略甚至牺牲社会大众的利益；只有当精英阶层的利益与社会大众的利益一致的时候，精英阶层才会实施有利于社会大众的政策。

当前，北美、西欧、日本、韩国等 OECD 国家属于第三类发展模式：低嵌入性、高自主性。政府的高自主性来自初始禀赋的平等性并由此决定的社会契约和由此内生的包容性（inclusive）的经济制度和政治制度。高度发达的市场经济和完备的市场体系进一步使得经济过程从政治结构中"脱嵌"出来，充分发达的市场经济也是包容性体制的一部分，因为人们都可以通过公平的竞争去追求自己的事业和幸福。

最后一类发展模式是高嵌入性、高自主性。这类国家包括历史上的德国和东亚模式国家与地区，也包括改革开放初期的中国。"东亚模式"在发展初期进行了有效的改革，其中最重要的就是平均主义的土地改革。日本、韩国和中国台湾在战后都有大规模的土地改革。日本在接受美国托管后，麦克阿瑟将军主持日本的土地改革，从地主手中廉价收购土地，并将它们卖给无地少地的农民。韩国和中国台湾则比较类似，政府将土地或者土地使用权分配给佃农，而土地的来源一部分来自由政府接管的殖民者留下来的土地，一部分来自从大地主手中收购的土地。平均地权可以使得居民公平地分享经济增长的成果，达到维护政治稳定的目的。因为新分到土地的农民有了工作，提高了他们劳动的积极性，就不再会去参加激进的活动。同时他们还可以将土地作为资本参与工业化进程，从而缩小了社会贫富差距。比如中国台湾地区，90% 的企业都是中小企业（World Bank，2001），这些中小企业正是土地公平分配后的产物，他们不仅雇用了大量劳动力，解决就业问题，而且还不断改进生产技术，提高生产效率，最终也使工人收入上升。而如前文所述，当经济发展到一定程度，产业结构发生重大变化，中产阶级的兴起，开始推动政治改革，政府逐渐退出原来的经济干预。政府对经济干预的作用也被日趋成熟的市场体系所替代。

我们将在第四章和第五章对东亚模式进行更深入的分析。在第四章，我们将会看到，初始禀赋的平等性也在很大程度上决定了这类国家政府的高度自主性，而特定的历史条件则决定了其经济活动高度嵌入到政治过程中去，而形成一种"嵌入型"体制。我们将在下一章深入分析，这种嵌入型体制是如何在短期内促进经济快速发展的，以及为什么这种发展模式具有局限性。

第四章　嵌入型体制的经济是如何发展的：一个基于东亚模式的理论框架

一　引言：什么是东亚模式

我们前边指出过，纵观二战后的世界经济发展，只有东亚地区的日本与中国香港、中国台湾、新加坡和韩国（"亚洲四小龙"）几个新兴经济体成功地实现了经济赶超，进入了高收入国家（地区）的行列。因此，研究东亚模式对于推动理论经济发展和制定公共政策都具有重要意义。讨论东亚模式的文献可以说汗牛充栋。尤其是，世界银行在 1993 年出版了《东亚的奇迹：经济增长和公共政策》（World Bank，1993）一书，专门讨论这几个国家和地区的经济奇迹，总结它们的发展经验，并试图从中提炼出更加适合其他发展中经济体的普遍经验。世界银行主要强调了如下四点经验：（1）坚持宏观管理的重要性，保证稳定的商业环境和低通货膨胀率，有利于鼓励固定资产投资，实施谨慎的财政政策，并辅之以共享经济发展成果的其他措施等；（2）建立强有力的政府管理体系，保证长期增长意愿的实现，追求产出与就业的快速增长以及工商业与政府之间的互动；（3）实施政府积极干预的工业化政策，增加出口中的工业产品份额，并采取其他配套的金融、财政、外贸政策来促进出口；（4）政府清楚地表明企业获得政策支持的条件，并在目标不能完成的时候将废止这些支持。到了 21 世纪初期，人们又重新萌发了对东亚模式研究的兴趣，如世界银行 2001 年出版的由 Stiglitz 和 Yusuf 主编的论文集《从奇迹到危机再到复苏：东亚四十年经验的总结》，从历史的角度对东亚模式进行了反思。

以世界银行的研究为代表，这些相关文献基本上是从宏观方面来分析东亚模式的，很好地总结了东亚发展模式的总量（aggregate）特征，但却不是最终的理论解释，因为宏观现象可以说是表象，尽管这些表象可以成为进一步进行理论研究的特征性事实。这些宏观分析有如下不足之处：（1）对这些宏观现象背后的微观基础解释不够；（2）几乎没有分析东亚模式背后的社会基础和政治结构，而这些分析对于理解东亚模式是不可或缺的；（3）不是一个动态的理论，不能解释和预测东亚模式历时的变化。由于这些不足，这些宏观理论不能确切地刻画东亚模式的内涵，不能全面地认识到东亚模式的适用条件和局限，因而就不能认识到东亚模式中的普适性和独特性所在，也就不能更好地为其他发展中经济体提供有益的借鉴。这在很大程度上造成了不同的人对东亚模式有着不同的理解，无法达成足够的共识。

Aoki、Kim 和 Okuno - Fujiwara（1997）主编的论文集则进一步讨论了东亚经济发展过程中政府所起的促进市场的作用，讨论到了一些微观方面的制度安排是如何解决投资协调失败、获取技术、融资制度安排等方面的问题的。但是，总的来说，这部论文集讨论的问题基本上是静态的，而不是一个关于经济发展不同阶段下最优制度安排的阶段理论（stage theory），可以部分地解释东亚模式早期的成功，却不能解释后期的转型；而且由于没能识别不同时期的关键的约束条件，所以对现实的解释力还不够，对发展中经济体的政策含义的论述也不具有普遍性。

本章将给出一个东亚模式的嵌入型体制如何运作的理论框架。为此，首先我们要问的是，从理论的意义上来说，究竟有没有一种东亚模式？如果有的话，这种模式的定义性特征又是什么？对于前一个问题，我们的回答是肯定的。尽管东亚各经济体在政治、经济、历史发展阶段等方面存在着一定的差异，但是放在世界历史的发展进程中来看，它们在很多方面也存在着诸多共性，这些共性的存在使得我们可以研究"东亚模式"这个问题。从发展模式和制度层面来看，东亚各经济体的这些共性主要表现为以下五个特征：（1）二战后，在经济发展起飞阶段，威权主义的政府都在经济发展的过程中起了很重要的作用，政府在经济发展的过程中采取了广泛的产业政策来干预经济；（2）与西方国家相比，法律等显性规则在社会经济生活中的作用并不是很大，而依赖长期博弈的关系却起了很大的作用，并且渗透到社会生活的很多层面；（3）从经济组织的层面来看，经济发展初期的经济结构都比较集权，经济往往由少数几个大的企业（财团）所控制，金融体系也比较集权，往往由少数几家大的银行主导，银行与企业有着长期的关系，银行融资在大企业的融资中占主导地位；（4）从经济发展的阶段来看，初期的经济发展都非常成功，曾经创造了"亚洲奇迹"，但是到了 20 世纪 90 年代末期，很多国家都遭遇了经济危机，日本则早在 20 世纪 90 年代初就陷入了长期的经济停滞；（5）从政治转型的角度看，在经济快速发展 30 年左右之后，都比较成功地进行了经济自由化和政治民主化。

重新从微观的角度来深入全面地思考东亚模式，无论从经济学理论还是从经济发展实践来说都有很强的意义。从理论的角度来说，经济学中一个永恒的主题是，制度与发展到底是什么关系？是经济发展决定了制度，还是制度变革决定了经济发展？这个"鸡生蛋、蛋生鸡"式的问题一直困惑着众多经济学家和其他社会科学家。Douglas North 等新制度经济学家认为，制度（尤其是产权制度）是经济发展的推动力。20 世纪 90 年代 Acemoglu 等经济学家的实证研究在一定程度上支持了 North 的看法，但是正如 Glaeser 等（2004）经济学家所质疑的那样，Acemoglu 等的实证中的制度指标可能只是增长本身，而不能解释增长；就像新古典增长理论中的投资只是增长本身而不能解释增长一样。看来，制度与增长之间的关系迄今为止还是一个悬而未决的问题。解决这个问题的重要性体现在：一方面，如果说制度对经济发展是重要的，那么我们就可以有意识地进行适当的制度变革，以此来促进经济发展；另一方面，如果说经济发展会自然地导致制度变迁，那么制度在很大程度上就是内生的，是从属于经济发展过程和阶段的，这就意味着制度是不可简单移植的。在这两方面，东亚模式独特的历史经验可以给我们提供一些分析这个问题的背景。

从现实的角度来说，对东亚模式的理解将为其他的发展中经济体提供足够的洞识。环顾世界，在亚非拉这些传统的发展中经济体中，只有东亚实现了经济上的赶超，非洲和拉丁美洲一直没有实现经济发展的超越，而是长期停滞在较低的发展水平上。有意思的是，东亚各经济体并没有遵循建立在新古典经济学基础上的所谓"华盛顿共识"，而是采取了自己独特的发展模式。纵观东亚模式的五个特征，除了第四、第五个特征之外，中国改革开放后迄今的发展与其他几个特征是高度吻合的。鉴于中国与这些东亚经济体在社会结构和文化等方面的相似性，研究东亚模式在很大程度上就是研究中国；对东亚模式的研究将有助于我们克服或者缓解发展过程中的危机和波动（东亚模式的第四个特征），即中国可以未雨绸缪，这就是研究东亚模式对于中国的特殊意义所在。

回顾从微观方面来分析东亚模式的文献，栗树和（Li，2001）曾提出一个分析东亚模式的框架。他区分了基于关系的治理（关系型治理）和基于规则的治理（规则型治理）这两种合约实施方式：前者是通过固定主体之间的长期博弈来自我实施的，后者则是通过第三方（如法庭）来实施的。关系型治理中的关系型合约是一种隐性合约，这种合约的维持仅要求双方知道合约变量的局部信息并且对结果有着共同的预期。这种合约的可自我实施性来自如下事实：长期博弈使得短期的欺骗得不偿失，因为欺骗者将失去未来所有的收益或者合作剩余。规则型治理则需要相关的合约信息是第三方可以验证的公共信息，而且需要在制度的基础设施方面投入大量的建章立制的固定成本（set - up cost）。所以，这两种治理结构各有其比较优势。在经济发展的初期市场范围比较小的时候，关系型合约是一种比较好的治理结构，这是因为它对合约信息结构的要求比较低（不需要第三方可以验证），因此可以实施大量的交易和合约集；而且由于它几乎不需要花费设立法律制度的固定成本，所以可以节约大量的交易成本。但是随着经济的发展和市场范围的扩大，关系型合约的治理成本就会逐渐凸显，因为它增加一个人的边际交易成本，如监督成本会越来越高，而规则型治理的边际交易成本则越来越低（换言之，由于先期的大量固定成本投入，规则型治理具有规模经济）。有意思的是，这个框架既可以解释东亚模式的成功，又可以解释东亚危机的爆发：东亚发展的初期尽管没有法治和民主等正式的制度，但是关系型治理可以发挥很大作用，随着经济的发展，市场范围不断扩大，这种治理结构埋下了毁灭自己的种子，扩展的经济交易越来越需要规则型治理。最危险和微妙的地方发生在这两种治理模式的临界点，这时候会出现治理的真空，经济上表现为经济危机，政治上表现为政治危机，社会层面上则会造成社会危机。

栗树和的这个框架是很有洞见的，但这个框架的一个很大的缺陷是，市场范围和制度变迁之间的互动还是一个黑匣子，我们不清楚从关系型社会到规则型社会的动态转变是如何发生的；我们还需要找到市场范围的扩展导致制度变迁的微观机制。我们将在互联的关系型合约理论的基础上，通过引入市场互联性来刻画分工程度和制度之间的关系。

王永钦（2006；Wang，2007）提出了一个经济发展与合约形式的理论。这个理论的基本思想可以概括为：有效的合约形式（制度）是市场范围的函数。在分工程度较低的发展中经济体中，两个经济主体之间的交易可能跨越多个市场，这被称为"互联的市场"。一个典型的例子是，在发展中经济体的农业中，地主和佃农不仅在产品市场上发生交易（如佃农会购买地主的粮食），他们还会在劳动力市场（地主雇用佃农）、信贷市场（如地主提供借贷给佃农）和保险市场（如分成租佃制）上同时发生互动。而在社会分工程度高的经济中，人们会在不同的专业化市场上跟不同的主体进行交易。在一定程度上，互联的市场会使得在单一的市场上无利可图的关系型合约在互联的情况下变得可行，所以，市场的互联性扩大了可行的关系型合约集合。经济的发展是一个过程的两种体现：在市场形态上表现为专业化的市场替代互联市场的过程，在制度形态上则表现为规则型的合约替代互联的关系型合约的过程。市场形态和制度形态的匹配对于理解经济的发展至关重要。

在这个理论基础上，本章将提出一个政府在经济发展的不同阶段起不同作用的阶段理论。这个阶段理论的基本思想是，在不同的经济发展阶段，市场的缺失和不完善程度是不同的，最适宜的政治体制和政府的干预方式因此也应该有所不同。在一个阶段被证明是成功的体制和政策，在下一个阶段可能就是经济发展的桎梏和障碍。这个理论同时也是一个政治经济学的理论，我们将具体地刻画市场缺失和不完善程度与最适宜的政治体制和经济政策之间的关系，并明确地刻画政治家、企业家（民众）之间的互动。

这个框架的创新点主要表现在以下几方面。（1）它将进一步说明制度是内生于发展阶段的。在经济发展初期，社会分工程度较低，市场的互联性较强，经济主体之间自我实施的互联的关系型合约可以维持社会经济的运行。（2）从政府与市场的关系和公共政策的角度看，具有一定自主性和国家能力的政府可以通过与经济主体之间的互联性和关系性的制度安排来弥补市场缺失，发挥协调作用，促进经济发展。（3）随着经济的发展，社会分工程度提高，市场的互联性下降，关系型合约的范围就缩小了，这时候则需要更多依赖正式合约（如民主和法治制度）来维持社会经济的运行。所以，适时的政治转型和法治化对于经济发展和现代化是关键的。

本章其余部分的内容安排如下：第二部分分析自主有能的政府如何在经济发展阶段通过互联性关系型制度安排（如产业政策）来

弥补市场缺失，促进经济发展；第三部分进一步分析法律、社会规范与经济发展之间的关系；第四部分分析随着经济的发展，东亚早期的互联性关系型制度是如何转型的；第五部分在国际经济发展的视野下讨论一下东亚模式对于经济发展和制度变迁的一般性意义；第六部分则讨论东亚模式对于中国经济转型的一些含义。

二 嵌入型体制的经济发展：
作为互联关系型合约的产业政策

产业政策的背景

产业政策在东亚经济发展中起到的作用已经在政治学和社会学的文献里得到了深入的讨论（Johnson，1982；Amsden，1989；Wade，1990；Evans，1995）。按照 Johnson（1982）的定义，产业政策指的是，政府为了保持国际竞争力而采取的鼓励或者限制某些产业的政策干预。我们这里研究的产业政策要比这个定义更宽，泛指政府在纠正市场缺陷方面采取的所有结构性政策。这些结构性政策往往通过改变产品或者要素的相对价格来达到某种合意的社会目标。

值得引起关注的是，国际主流经济学界在最近的几年内，对一度被冷落的产业政策的研究兴趣又被重新燃起。对产业政策的新的一轮研究热情可能与下面的两个背景有关。一方面，以 IMF 和世界银行为代表的国际组织过去 30 年在很多发展中国家推行的自由化政策（被称为"华盛顿共识"）没有带来经济增长，而是带来了经济停滞。另一方面，以苏联为代表的计划经济的试验在 20 世纪下半叶的失败也同样说明了国家的干预不能无所不包。而东亚经济的实践则是介于两方面之间，政府在经济发展中所起的积极的推动作用，被很多人认为是"东亚奇迹"产生的重要原因。历史地看，东亚的工业化国家或地区（日本和后来的"亚洲四小龙"，尤其是韩国）都实施过积极的产业政策，它们的产业政策具有以下特征：

（1）实行保护主义的贸易政策和汇率政策，扶持本国的大工业企业；（2）扶持具有很强后向联系和前向联系的支柱产业；（3）银行作为向企业提供长期融资支持的政策性工具，同时还在财政上提供各种显性或者隐性的补贴；（4）政府还积极创造条件，为这些大企业集团的产品提供市场（如日本的综合商社）。这种故意将相对价格做错的产业政策在这些国家实现经济赶超的过程中起了很大作用（Johnson，1982；Amsden，1989；Wade，1990）。所以，理论界和政策界在政府和市场的关系这个问题上现在的立场更趋客观，重要的问题不是政府"要不要干预"，而是"怎样干预"。尤其是，经济全球化给世界经济结构和民族国家的经济结构带来了很多深刻的影响和挑战，如何在全球化时代的背景下研究产业政策的实质和作用也是非常有现实意义的问题。

发展中国家在经济结构上的独特之处

虽然产业政策在理论和现实意义上如此重要，但是有关产业政策的理论却不是很成熟，这当然与我们前面提到的历史背景有关系。的确，在最近不到 10 年的时间里，人们才形成了关于"华盛顿共识"的"共识"：用于成熟市场经济的经济政策在发展中国家行不通。这是因为发展中国家的经济与发达国家的经济有着结构性的不同，因此需要非常不同的经济政策。其实，经济史学家格申克龙（Gerschenkron，1962）很早就注意到这一点，他指出："工业化进程在落后的国家启动的时候，往往表现出与发达国家很大的差别，不仅发展的速度（工业发展的速度）不同，而且在这个进程中工业的生产结构和组织结构也不同。更重要的是，工业发展的速度和特征的差别在很大程度上是运用了成熟的工业国家不具备的制度工具的结果。"

那么更具体而言，发展中国家在经济结构上究竟有哪些独特之处呢？从大的方面来看主要有两个根本区别。首先，与市场完备的发达国家相比，发展中国家的市场往往是缺失的，或者即使不是缺失的，往往也是高度不完美的。其次，从技术水平来说，发展中国家的技术水平往往远离世界技术可能性边界的前沿。

理解这两个区别对于我们理解经济发展以及政府在经济发展中的作用是不可或缺的。市场缺失意味着存在帕累托改进的潜在可能性；远离世界技术可能性边界的前沿意味着发展中国家可以学习或者模仿现成的技术，而不需要通过自己的创新和研发活动来创造新的技术。这两点都意味着政府适当的政策干预可以改进资源配置。在市场缺失的情况下，政府可以通过互联性的制度安排等方法来实现帕累托改进。可以学习先进的技术意味着动员资源和稳定的投资关系更为重要，因此政府也可以在这些方面发挥重要作用。本书将政府在这两方面发挥作用的结构性政策统称为产业政策。也是在这个意义上，Acegmolu 等（2006）将发展中国家在经济起飞阶段的增长称为"基于投资的增长"，而将处于世界技术可能性边界前沿的发达国家的经济增长称为"基于创新的增长"。

产业政策成功实施的几个必要条件

在基于投资的增长阶段，关键的问题是如何有效地动员和组织经济体系内的资源。在这个阶段，由于市场的缺失和不完美，完全由市场来配置资源达不到帕累托有效的配置，适当的政府干预可以改进资源配置的结果（Greenwald and Stiglitz，1986）。虽然从理论上来说，在市场不完美的时候，政府通过适当的产业政策可以改进资源配置，实现帕累托改进，但是在现实生活中要做到这一点并不容易。政府可以改进资源配置的结构需要满足几个必要条件（未必是充分条件）：（1）政府的目标函数应该是最大化社会福利的，不同的社会群体被赋予了相同的权重。换言之，国家有一定的自主性（autonomy），而不是服务于少数利益集团。（2）政府应该有足够的国家能力和政策工具来实施必要的干预。（3）政策干预的形式和幅度应该取决于具体的发展阶段与市场的范围和深度，因此需要根据不同的发展阶段而有所调整。尤其是，在市场发育足够充分后，政府的功能和本身的定位也要进行适时的转型。

东亚模式下的经济发展基本上满足了上面的三个条件。从第一个条件来看，二战后，对大部分东亚模式下的政府而言，发展经济是实现政治合法性的唯一选择。二战后，日本、韩国和中国台湾地区的政府都缺少政治合法性。日本刚刚经历了太平洋战争的溃败；韩国刚刚从日本那里独立出来，在 1950 年至 1952 年的朝鲜半岛战争中经历了巨大的经济损失；中国台湾地区的蒋介石当局在中国的内战中刚刚经历了溃败，而逃离到台湾。这些国家和地区的政府都需要通过经济增长来确立其政治合法性。值得注意的是，它们都毫无例外地在 20 世纪 50 年代实施了"耕者有其田"的土地改革，为后来的共享式经济增长打下了基础。当时刚刚经历的社会巨变和通过经济增长来确立其政治合法性的努力都破坏了原来的精英集团，也促进了社会的平等。这样，土地改革带来的社会平等使得这些努力通过经济发展来实现政治合法性的政府有了一个比较好界定的功利主义的社会福利函数（发展目标），而没有出现利益分化的利益集团，保证了政府的自主性。

从第二个条件来看，东亚这些国家和地区在威权主义的政府下有一套有效的官僚体系，而且拥有一些关键性的经济资源和政策工具，这使其具有较强的国家能力。日本的产业政策可以追溯到 19 世纪中期明治维新以后的国家主导的发展，当时政府提出的口号是"殖产兴业"（即工业化）和"富国强兵"。在二战后，长期在自民党（LDP）主导的集权式政府领导下，日本的通产省（MITI）在产业政策的制定和实施方面起到了举足轻重的作用（Johnson，1982），它具有相机干预的权限，通过广泛的政策工具来干预日本的产业发展。韩国在二战后经济起飞的阶段，尤其在 20 世纪 60 年代和 70 年代，在朴正熙的威权主义的政府下，韩国实施了广泛的产业政策。中国台湾地区的情况也比较类似，产业政策是在国民党当局的威权主义领导下来实现的。这些国家和地区往往还控制着一定的经济和金融资源，这为其实施产业政策提供了必要的资源支持。而且值得注意的是，除了政治上的集权之外，它们在经济结构上也比较集权，经济中往往有少数几个大企业集团。政治和经济上的双重集权使得政府较容易与产业界建立比较长期的关系，这也有助于政府实施产业政策。

从第三个条件来看，东亚模式下的产业政策是阶段依存的。在经济的起飞阶段，这些国家和地区广泛地实施了产业政策；在经济发展到一定的阶段以后，原来的产业政策往往会被修改或者摒弃。如日本在 20 世纪 70 年代便开始追求贸易自由化的政策，通产省与企业的关系也发生了很大的变化，不像以前那样直接指导企业了。韩国和中国台湾地区在稍后的 80 年代也都减少了产业政策实施的范围和深度，政府和企业的关系也开始转变。尤其是在 1998 年的东亚金融危机之后，政府与企业的关系发生了进一步的疏离。

产业政策是如何实施的

虽然具体的产业政策在这些国家（地区）有技术性的差别，但从理论上都可以用我们前面的互联的关系型合约理论来解释。在市场不完美和市场范围有限的时候，互联的关系型合约可以内化市场之间和跨期之间的外部性，弥补市场缺失。这些国家（地区）采取的产业政策可以看成是政府与企业之间的一个互联的关系型合约。这里的国家（地区）与企业家的关系，非常类似前面我们讲到的发展中国家的地主与其佃农的关系，他们之间的关系跨越了信贷、产品、保险等多个市场，这种互联的关系可以实现帕累托改进。在我们前面讨论的产业政策成功实施的第一个条件下，产业政策最大化的是社会福利。由于这些国家（地区）20 世纪 50 年代的要素市场改革和企业内部特殊的契约安排（如终生雇佣制），企业的剩余会比较平均地渗透（tickle - down）到社会大众手中。因此，在下面的分析中，我们将产业政策简单地看成是最大化政府和企业之间的剩余之和。经济起飞阶段的市场缺失和功利主义的政府使得企业和政府的这种互联性关系成为可能。

在经济高速成长时期，东亚的政府拥有广泛的政策工具与企业在多个"市场"实现互动。首先，政府和企业在信贷市场进行互动，克服信贷市场的失灵。东亚模式下的政府往往通过银行主导的集中式的金融体系来实施其信贷政策。日本 1949 年和 1950 年通过的法律赋予了政府控制信贷市场的多种政策工具，而且将国内信贷市场与国际信贷市场隔离开来。日本的国内信贷市场是分割的，不同的局部市场有不同的受政策控制的利率。这种控制使得政府可以追求所谓的"低于均衡利率的非均衡政策"。除了这些控制之外，政府还将长期贷款利率和存款利率控制在均衡的市场利率之下。这种政策会导致过度的需求，从而大藏省（MOF）就可以使用数量配给来将信贷导向采用新技术的大企业（所谓的"窗口指导"）。在大型企业创新和扩张的时期，大藏省的信贷政策起了提高生产率和扩大出口的作用，通产省也有权力选择性地分配外汇储备，并将其当作"胡萝卜加大棒"的政策来引导企业的技术选择（因为企业需要外汇来进口原材料和新技术）（Eads and Yamamura，1987）。韩国和中国台湾地区在这方面也是类似的。20 世纪 60 年代到 90 年代期间，韩国金融部门主要由政府控制，中央银行是政府政策的工具。直到 80 年代初期，多数银行仍然是国有，资本流动受到严格管制。银行不是追求利益最大化的独立的市场主体，大量的政策性贷款不是为了获取利息收入而是为了提高产业投资水平、扩大出口和促进经济增长。国家不仅为企业贷款提供担保，也为银行提供国家信用。在这种政府主导的模式下，国家对金融资源的控制对经济发展发挥了积极的作用。首先，政府运用金融控制手段使储蓄和资本积累率最大化。其次，国家根据其产业政策在不同产业部门、不同企业之间配置金融资源，从而促进经济结构的升级和经济发展。中国台湾地区的金融业在 20 世纪 80 年代以前也一直是受当局管制的部门。在台湾的经济起飞阶段，由于资金不足，为防止利率过高造成企业融资成本上升，导致经济增长缓慢，因此在 20 世纪 60 年代采取单一利率控制，并将利率压得较低，以刺激投资和经济增长。为了配合出口导向的产业发展政策，银行采取差别利率政策与之配套。1980 年起，台湾采取工业升级与改造产业结构战略，选择若干战略性产业（如机械、电子等），通过银行给予低息贷款扶植。值得注意的是，政府与企业在信贷市场的这种互动不仅弥补了信贷市场失灵，而且还通过数量配给的方法改变了企业的技术选择。

其次，政府和企业还在产品市场进行互动，为企业的产品扩大市场，以充分利用规模经济。这些国家和地区在经济起飞的时期，通过各种手段限制进口和鼓励出口是扩大本国企业市场份额的普遍做法。它们普遍实施很高的进口关税和进口配额。日本在制造业部门的实际保护率（ERPs）在 1968 年基本上都超过了 10%（Noland and Pack，2003）。除此之外，还有各种形形色色的非关税壁垒，如高额的检验成本和苛刻的产品标准，都限制了国外企业的竞争。另外，在政府采购中还通过对本国大企业的优惠来为其创造国内的市场份额。因此，日本政府在实施反托拉斯法方面对本国大企业就非常宽松，以鼓励其充分利用规模经济。韩国政府在经济起飞期也充分帮助其本国企业扩大国内外市场。尤其自 20 世纪 60 年代中期朴正熙上台以来，出口绩效更是被作为企业成功的标尺，政府将企业的出口看作本国企业国际竞争力的标准。1964 年韩国还将国内存在的多种汇率安排并轨成一种，对本币进行贬值，进一步促进了出口。政府还成立了韩国贸促公司（KOTRA）来进行市场调研和促进出口。出口企业在进口中间品的时候可以免税，还会得到一些奖励。同样，在经济起飞阶段，中国台湾地区也是通过各种政策来鼓励出口。除了采取各种各样的关税和非关税措施来限制进口以外，当局还对出口部门提供补贴和融资便利。在有些重点项目缺乏私人企业的情况下，当局则直接成立公营企业来进行生产。在东亚模式下，政府与企业在国内外市场上的互动充分发挥了规模经济效应，促进了产业的成长和发展。

最后，政府和企业还在保险市场进行互动。经济发展初期企业家的技术选择会面临很多风险，因为他们的投资很大程度上取决于互补性部门的投资是否到位，同时也因为经济的结构在不断地发生变化，在技术采用和技术创新方面也承担着风险。东亚模式下的政府往往采取很多措施，与企业一起承担风险来激励企业的投资和技术创新。其实我们上面讨论的政府的低利率政策和出口补贴同时也是一种保险行为，在理论上相当于政府和企业在融资和出口方面分担了风险。除了这种保险之外，这些国家和地区还采取直接补贴等方法来鼓励企业的研发活动。例如，日本政府除对高新技术领域的研发和投资提供直接的补贴和低息贷款以及税收优惠外，1966 年还专门设立了大型工业技术研发的研究合同，来鼓励企业从事这个领域的研发；20 世纪 70 年代政府对计算机的研发提供补贴；20 世纪 80 年代则对新材料、生物技术和新兴电子设备的研发提供补贴（Noland and Pack，2003）。在韩国，当外部总需求大量减少时，政府能够使充足的信贷以较低的利率流向财务上脆弱但结构完善的公司（曲凤杰，2006）。台湾当局则在经济发展的过程中，对企业从事研发活动进行补贴，降低了企业创新的成本。政府与企业在保险市场上的互动使得政府可以分担企业的投资风险。值得注意的是，政府在向企业提供保险的同时，又通过企业与员工长期的雇佣关系（尤其在日本）等机制，变相地向企业的员工提供了保险。

上面我们分析了政府与企业在信贷市场、产品市场和保险市场的互联性制度安排。根据我们前面的理论，这种互联性会使得它们的互动是关系型的（即长期的关系）。在这些国家的产业政策实施过程中，很多政府的指令是非成文的和口头的，只有长期的互动才能够实施这种政策。正如一位学者在研究日本产业政策时指出的那样，企业遵守政府指令的一个重要原因在于，政府与企业之间的关系是长期的和多维度的（Eads and Yamamura，1987）。在韩国和中国台湾地区，政府和企业的关系也是类似的。这正是我们所说的"互联的关系型合约"的意思。

既然产业政策是政府与企业之间的互联的关系型合约，那么为了保证这种合约的可维持性和可实施性，就必须将政府扶助的企业限制为少数大企业，因此就必须限制其他企业的自由进入和退出：允许其他企业自由进入这种互联性制度安排会破坏这种合约的可实施性。的确，东亚的政府在实施产业政策的过程中，严格地将产业政策限定在少数几家大企业身上，因此整体上的经济结构是比较集权的。除了政府与大企业之间的这种互联性制度安排之外，大企业和中小企业之间的交易也是互联的关系型合约。一个大企业的周围往往存在着一系列的中小企业为其提供原材料、中间品和加工服务等等，大企业与中小企业之间结成一个委托和分包的网络。这种互联性的关系型合约是嵌入在政府与大企业之间这一层大的合约安排之下的，因此后者的好处和带来的经济剩余可以比较好地渗透到中小企业身上，而由于民众经济地位的平等性和特殊的就业制度（如日本的终身雇佣制），最终经济增长的好处可以惠及全民。

上面我们讨论了产业政策作为一种互联性的关系型合约是如何解决经济发展初期的市场缺失问题的。现在我们进一步从理论上讨论产业政策在经济发展中的作用和它的一些特点。

首先值得注意的是，政府在通过互联的关系型合约缓解了早期的市场缺失和市场协调问题的同时，进一步加强了政府的协调作用。这是因为关系型合约本质上是一种长期重复博弈，这种博弈一般会产生多重均衡，博弈各方会有不同的预期，而跨市场的互联性使得多重均衡问题更为严重。在这种情况下，威权主义的政府还发挥了挑选有效均衡的作用，通过改变社会预期来协调社会行动和达成社会共识。

其次，由于市场的缺失，这种互联性的制度安排在缓解市场缺失的同时，也扭曲了要素和产品的相对价格。因此，如果说完全竞争性市场是将价格做对的话，产业政策就是将价格做错。这种有意将价格做错的方法，在经济发展的早期，有助于将有限的资源引导到某些关键性的产业上去，通过前向和后向联系，可以内生地带动其他产业的出现和发展，并可以充分发挥规模经济。在经济发展的早期，由于可以模仿现成的技术，因此发展中国家可以实现格申克龙所说的"后发优势"。

最后，值得注意的是，产业政策是一种系统性的制度安排，信贷市场、产品市场、保险市场等都是联系在一起的，是一环扣一环的。这一点与上面的第二点结合起来就意味着，经济中的整个价格体系与完全竞争市场情况下的价格体系相比是扭曲的。这种全局性的扭曲在短期内促进了经济的起飞，但是却为后期经济的转型和自由化带来了困难。因为市场范围的扩大内在地要求从关系型社会到规则型社会的"大转型"。

三　法律、社会规范与经济发展

我们在引言中已指出，东亚模式的一个特征性事实是，显性的法律在社会经济中的作用较小，而非正式的制度，如各种社会规范等，却在人们的社会经济生活中起到了更重要的作用。这个现象同样也可以用互联的关系型合约理论来加以解释。

从正规制度（如民主和法治）供给的角度来讲，威权主义的政府没有激励来提供法治，这是因为在我们前面讨论的互联性的制度安排（产业政策）下，政府需要相机干预经济，发挥协调作用，需要政策实施的灵活性，而正规的制度则要求遵从规则，这会限制政府实施政策的灵活性。

更根本的是，从需求的角度来讲，在市场范围还比较小、市场缺失的情况下，经济主体之间的关系往往是互联的和长期的。这种情况下，法律的作用在两个方面受到了限制。第一个方面的限制来自它的关系性，是基于当事人跨期长远考虑的，是前瞻性的，而法律则往往只能对已经发生的、既往的事情做出判决，因而是向后看的。第二个方面来自它的互联性，当事人之间的交易是跨越了好几个"市场"的，而现实中的法律都是关于某一个具体市场的，所以单个市场的具体案例的裁决可能不符合当事人的理性考虑，因此他们的理性选择可能是不去法庭。关系性和互联性使得这种合约是自我实施的，不需要第三方来加以维持。

互联的关系型合约一般会产生多重均衡，除了由某种权威（如政府）帮助挑选出有效的均衡之外，社会惯例、规范、文化传统等也可以充当协调机制，从而起到谢林（Schelling，1960）意义上的"聚点均衡"（focal point equilibrium）的作用。

我们以日本经济中的终身雇佣制和主银行制度来说明这一点。在终身雇佣制下，大公司的白领工人和一些蓝领工人可以享受终身雇佣。在这种关系中，雇主和员工都预期员工能享受连续的雇佣，直到法定的退休年龄。雇佣关系开始时，工资低于员工的生产力贡献，而在员工职业生涯的后期，工资水平高于工人的生产力贡献。半年一度的奖金也是工资结构中的一部分，它与企业的业绩有联系，但联系并不是特别紧密。养老金一般是不能流动的，因而劳动力市场的流动受到了很大的限制。这种情况下，企业的雇主与员工的关系是一种典型的关系型合约，双方的权利和义务都是隐性的，不具法律约束力。

主银行体系是日本经济系统中的另一个社会规范。实际上，主银行并不是一个依法成立的机构，它的职能在任何法规或行政规定中都没有规定。借款人的义务也没有明确的合同予以说明。主银行体系的出现是基于人们对它的普遍接受。关于主银行体系的商业意识形态的重要部分为银行、借款人、相关企业和政府部门的共同预期：主银行会非正式地重组大型倒闭企业，而不会没收贷款担保品。由于这种非正式规范的存在，银行将要承担比破产法所要求的更大的损失。尽管主银行几乎总是拥有对债务人担保品的优先占有权，它实际上都自愿地将这一权利交给了其他贷款银行。整个主银行体系是由一系列规范支持的，这些规范鼓励银行帮助疲弱企业（至少是那些有望能重新获得清偿力并赢利的企业），以此获得政府会防止银行破产的非正式承诺。日本的经济中充满着这种关系型合约。表4-1表明，即使到了20世纪90年代末，与其他国家的司法体系相比，显性的法律的确在日本的经济中发挥着较小的作用。韩国和中国台湾地区的情况也是类似的。但在经济发展到一定阶段的时候，如果关系型合约仍然发挥着主导作用则会阻碍经济的发展。

表 4 – 1　司法体系的国际比较（1997）

单位：人

	美国	英国	德国	法国	日本
法律从业人员	945508	82653	111315	35695	19733
每 100000 人	352.5	158.3	135.7	61.3	15.7
律师	906611	80868	85105	29395	16368
每 100000 人	339.87	154.89	103.77	50.15	13.0
法官	30888	3170	20999	4900	2093
每 100000 人	11.6	6.07	25.6	8.4	1.7

资料来源：Saiko Saibansho, *On the Legal System of the 21st Century.*

　　上面的讨论可以帮助我们来理解社会学和人类学的一些观察。包括"正义"在内的文化和价值观其实是内生于经济和社会结构的。在市场范围较小、分工落后的经济中，由于合约往往采取了互联的关系型合约这样的形式，所以其文化和价值观会不同于市场范围较大、分工发达的经济。中国电影《秋菊打官司》实际上可以形象地说明这个问题。秋菊的丈夫有一次被村长踢伤了，秋菊就千辛万苦地去告状。在告状的过程中，秋菊有一次差点难产，在这危急时刻，是村长在雪夜里将秋菊送到几十里之外的医院里抢救，使她最终脱离了危险。事后，秋菊满怀感激，摒弃前嫌，并带着礼物去村长家里致谢。但就在这个时候，村头却响起了警笛的声音，村长由于踢伤秋菊的丈夫被拘捕了。这时，秋菊却感到了万分的困惑和难过。这个故事从一个侧面说明了合约的关系性和互联性下法律和传统的内在冲突。如果在分工程度比较高的社会，秋菊在难产的时候可以打一个出租车就到医院去了，她起诉村长在事后应该是无悔的，但在分工程度比较低的社会，秋菊说不定什么时候就会在其他的"市场"上与村长发生互动。所以，伦理和价值观在一定程度上是内生于经济发展阶段的。东亚模式中的政治组织、经济组织和社会组织内对权威、秩序、忠诚、稳定等价值的强调实际上是内生于互联的关系型制度安排的，而且它们很大程度上与这些国家和地区中比较有影响的儒家思想相契合。

第五章　东亚模式是如何脱嵌的

　　上一章我们分析了嵌入型体制是如何促进经济发展的。嵌入型体制的实质是经济体与政治体的紧密纽带联系，尤其表现在政府与大企业财团之间的纽带联系，在日本和韩国尤其如此。在本章中，会进一步分析这种嵌入型的体制是如何随着经济和社会的发展而演变的。东亚模式的成功之处不仅在于经济上取得巨大成就，还在于伴随着经济的发展，经济体系逐渐"脱嵌"于政治体系，成功转型为民主政治。

　　经过政治的民主化转型，东亚模式也成功地实现了"脱嵌"而进入了以市场经济、民主政治和法治社会为标志的现代社会，成为现代发展史上的一个典范，非常值得其他发展中国家学习和借鉴。本章将深入分析东亚模式的"脱嵌"是如何发生的。

　　在现代社会，政府存在的意义在于为社会发展提供良好的政治秩序，以维护社会稳定，促进经济发展。从政治经济学（North，Weingast and Wallis，2006）的角度来看，人类近现代历史上主要出现了以下两种政治秩序：有限进入秩序（limited access orders）、开放进入秩序（open access orders）。有限进入秩序在人类历史中存在了数千年，"有限进入秩序"主要是通过精英集团对社会经济资源的控制并在集团内部分配由此产生的"租金"来维持社会的运行。因为精英集团可以通过经济控制来获得利益，从而有动机去维护社会稳定，促进经济发展。为了创造出一定的经济租金，在经济和政治秩序中就必须限制来自其他群体的自由进入和竞争。开放进入秩序是伴随着民主化的到来而产生的新的秩序。它不再通过对经济控制而产生激励去维护社会稳定，而是通过经济和政治上的开放和竞争来维持社会运行。从有限进入秩序到开放进入秩序，也正是社会从威权主义转向民主政治的过程。

一　从有限进入秩序到开放进入秩序

"脱嵌"的经济基础

很多实证研究表明，工业化以后，经济发展和民主化之间存在着正相关关系。环视当今世界，富裕的发达国家大多数是民主国家，并且民主国家经济发展的平均水平也远远高于非民主国家。经济发展可以通过多个途径来影响民主化：经济发展加速社会阶级流动，带来社会结构的改变；经济发展带来经济结构的变化，从而动摇了原来政权的经济基础；经济发展也会改变政府和企业的关系。有实证研究表明民主化的概率与收入差距之间存在着倒"U"型的关系（Christian Houle，2009；Alexandre Debs，2010），即在发展初期，因为贫富差距较小，统治者和民众都缺乏相应的激励去民主化。而随着经济发展的深入，贫富差距逐渐扩大，民众要求民主化的呼声越来越高，此时民主化的可能性也越来越大。但是如果贫富差距继续扩大，大到尽管民众强烈要求民主化，而统治者反对民主化的动机也会越来越大。因为此时社会已经有强大的利益集团形成，他们拒绝民主化以防止自己的财富被均富，这时反而民主化的可能性降低了（除非发生暴力革命推翻政权）。然而如我们在第一章中所述，东亚地区在经济发展的过程中贫富差距一直都得到有效控制。因此这种机制对东亚民主转型的解释力欠缺现实依据。

如第二章中的库茨涅茨事实所述，随着经济的发展，农业比重将不断下降，工业则经历先上升后再下降的阶段，而服务行业则不断上升。我们从图 2 - 7 和图 2 - 8 中可以看到韩国和中国台湾在战后经济发展的过程中，经济结构变迁路径也符合库茨涅茨事实。农业比重的下降和工业以及服务业比重的上升，意味着一个国家的经济基础从农村向城市转移，即城市化的发展。其中工业先升后降的过程也反映了一个国家工业化的路径以及产业结构的升级。韩国和中国台湾在工业化前期都有成功的土地改革，保证了起点公平，而在经济发展过程中贫富差距得到了很好的控制。因而韩国和台湾地区工业化和城市化过程为社会培育了大量的中产阶级。

中产阶级很难定义为某个特定的阶级，但他们一般都具有一定独立的经济能力和相应的教育、专业和文化背景，他们对社会的稳定和发展起着至关重要的作用。一方面在威权时代中产阶级并没有自由的政治表达权和相应的政治参与权利，但是因为受过良好的教育并拥有一定的社会地位，所以渴望能够得到相应的自由和政治地位。而另一方面中产阶级自身的利益有赖于社会的发展和稳定，因此中产阶级并不希望通过暴力革命的手段去推翻威权主义政府。正是中产阶级的这种政治态度，使得中产阶级的意识形态既激进又保守，也更渴望的是温和的政治改革，并不时地给政府施加民主化的压力。随着经济的发展，威权统治下的中产阶级经济上享受的利益与获得的政治权利严重不协调，产生了一种深深的"政治剥夺感"，因此中产阶级渴望民主的呼声也越来越高涨。此外，伴随着中产阶级人数的不断扩大，这种呼声在社会中的影响也越来越强烈，中产阶级成为左右民主化进程的决定性力量。所以我们也不难看到，在韩国虽然"光州事件"的主力军是学生和工人，但之后未来几年借这一事件给威权主义政府造成持续压力并致其垮台的群体却是中产阶级。同样在台湾，民主化转型的标志性事件"美丽岛事件"的参与者也是包括以编辑、律师等社会群体为首的中产阶级。而在这之后成立的反对党——民进党的中坚力量亦是中产阶级。不同于社会底层的工人和农民，中产阶级的利益来自于市场的繁荣和稳定，因为他们渴望的民主是以能够发挥市场作用，维护政治秩序，体现公平正义为前提的民主。所以在韩国和台湾地区这场以中产阶级为主导的政治转型，并没有发生暴力革命，而是比较温和的政治改革。

脱嵌的社会基础：土地改革

伴随着韩国和中国台湾地区的经济发展，社会孕育了大量的中产阶级，也促使了社会完成"脱嵌"。而之所以能够产生大量的中产阶级，而不使经济发展的果实落入少数精英阶层手中，则得益于韩国和台湾地区的收入差距始终都比较小。收入差距和社会分化对社会制度的变迁具有重要的影响（Alesina and Ferrara，2004）。社会贫富差距一直是各国发展中的一个核心问题，其最根本的一点就是要控制好社会财富分配问题，历史经验表明，初始禀赋的平等性和起点的公平对于收入差距和社会制度的变迁具有深远影响。东亚的经验表明，经济起飞前的土地制度改革对于东亚模式实现共享式增长具有决定性意义（You，2008）。

韩国和台湾地区二战后在政府的主导下都实行了非常成功的土地改革。而两地政府之所以都在战后马上就开启土地改革，主要目的在于巩固新成立的政权、提高执政的社会基础和合法性。因为此时朝鲜和中国大陆都已经完成了土地改革，民众热情高涨，社会主义建设热火朝天。如果不进行土地改革改变贫民的地位和命运，则很有可能在内战中被共产党彻底打败。外部共产主义"威胁"的存在迫使两地进行土地改革，这也正是相比于其他资本主义发展中国家土地改革能够成功的原因。此外韩国和台湾地区原来都是日本的殖民地，新政权刚从殖民者手中接管两地，需要通过这一改革获得广大农民对新政权的认可。

韩国二战结束后从日本的殖民统治中独立出来之初是一个传统的农业国家，少数地主控制着国家的大部分土地。在1945年时，韩国最富的2.7%的农业家庭（即地主）控制了韩国超过2/3的耕地，而与此同时，约有58%的农业家庭没有任何耕地。在1956年土地改革之后，韩国最富的6%的农业家庭所拥有的耕地已经下降到总数的18%。韩国的土地改革主要分两步来进行：首先1948年3月接管韩国的美国军政府（America Military Government）将从日本殖民者手中收回的约 24 万公顷的土地（占韩国耕地的 11.7%）分配给之前无地或少地的佃农。然后在朝鲜半岛分裂后，朝鲜战争爆发前，韩国政府 1950 年开始进行土地改革，将上层地主拥有的土地严格限制在 3 公顷以内。随后在 1952 年，政府将 33 万公顷土地重新分配给佃农，同时约有 55 万公顷耕地迫使地主卖给佃农。这一成功的土地改革使得韩国 52% 的耕地转换了产权，使得韩国基本实现了"耕者有其田"的目标（You，2008）。

国民党势力败退到台湾后，也开始了与韩国类似的土地改革。台湾的土地改革也主要分三步进行：首先在 1949 年减租政策"三五七减租"颁布，根据规定土地租金被限定在该土地最高产量的 37.5% 以内。然后针对日本殖民者留下来的土地，当局统一接收为"公地"，并实现了"公地放租"政策，规定公地租金为年收入的 25%。1951 年 3 月，陈诚以"行政院长"的身份主持了公地放领。6 月，台湾当局颁布了《台湾省放领公有耕地扶植自耕农实施办法》，将"国有"和"省有"耕地的所有权转移给农民，受领土地的农民，只要连续交纳 10 年的地租，期满后，即取得耕地的所有权。公地放领分为 14 年 9 期进行。最后在 1953 年，"立法院"通过了《耕者有其田法》。该法规定台湾每个地主拥有的土地不能超过中等标准水田 3 甲和旱田 6 甲，超过此限的土地全部由当局收购，当局再以贷款方式将土地卖给无地少地的佃农。在土地改革后，台湾佃农家庭占比从 1950 年的 38% 下降到 1960 年的 15%，佃农租种的耕地也从 1948 年的 44% 下降到 1959 年的 14%。

土地改革在韩国和中国台湾地区都取得了巨大成功，并主要通过以下机制来影响东亚社会政治"脱嵌"。首先，土地改革降低了社会不平等性，从表 5-1 和表 5-2 中我们可以看到土地改革显著地减小了社会贫富差距，保障了社会初始禀赋分配的公平性。从图 2-7、2-8 韩国和台湾地区基尼系数历年的变化中，我们也可以看到，两地在随后的发展中，贫富差距始终控制在非常低的水平。社会分配越均等，经济发展的成果可以让更广泛的人民享受，人们就有更高的积极性来进行人力资本投资，这壮大了中产阶级的人数，为经济的"脱嵌"奠定社会基础。土地改革本身还直接促进了经济发展，一方面土地改革并非没收地主的土地，而是通过资本置换的方式，它使得地主获得了进入工商业的资本从而促进了城乡资本主义的发展；另一方面，大量佃农获得了土地的所有权，从而提高了农民农业生产和投资的激励，为两地的工业化奠定了坚实的农业基础。国际发展经验表明，没有发达的农业部门，城市化和工业化往往也难以推进；韩国和台湾地区经济的健康发展和成功转型与成功的土地改革和发达的农业有密切关系。

表 5 - 1　土地改革前后土地基尼系数变化趋势

年　份	韩　国	中国台湾
1945	0.73	
1950		0.58 ~ 0.62
1960	0.38 ~ 0.39	0.39 ~ 0.46
1990	0.37 ~ 0.39	

数据来源：You（2008）。

表 5 - 2　土地改革前后收入基尼系数变化趋势

年　份	韩　国	中国台湾
1950 年前	很高	
1953	0.34	0.574
1959		0.445
1961	0.32	0.466
1964	0.33	0.327

数据来源：You（2008）。

　　坚实的工农业基础最终促进了城乡经济的均衡发展，保障了社会的稳定发展。最后，土地改革的影响不仅仅体现在促进经济发展上，还体现在社会制度和契约关系上。土地改革打破了少数地主精英垄断农村经济的局面，从而打破了农村地区农民和地主之间在多个维度和市场上存在互联关系的格局，瓦解了这种准封建的契约关系，为向现代社会转型铺平了道路，促进了农村基层治理的现代化转型。此外还有经验研究表明，土地改革有效降低了政府腐败行为。因为土地改革削弱了精英阶层在地方上的实力，平衡了社会贫富差距，增强了政府对经济的控制力，从而减弱了地方精英与政府的谈判力（bargain power），压缩了政府官员的寻租空间，最终使得他们对政府行为的控制力下降，从一定程度上抑制了腐败的发生（You，2005）。

土地改革缩小了社会贫富差距，在农村层面削弱了地主精英阶层的实力，在城市层面促进了中产阶级的大规模诞生，为城市和农村社会在政治上完成"脱嵌"打下了坚实的经济基础。那么政治"脱嵌"是如何随着经济发展动态完成的呢？其背后的机制又是如何呢？我们接下来对脱嵌的动态过程和机制进行分析。

政治合法性的类型

一个政权要想获得民众的支持并最终实现长治久安，那么它的统治权力就必须具有政治合法性（political legitimacy），没有一个政权可以只用暴力或是靠"君权神授"等意识形态宣传就能够长期稳定地存在。

"政治合法性"是指在一个国家内政府的产生和其执政地位能够得到社会普遍认同并具有法律依据的属性。我们可以从两个维度来理解它：一个维度是人们普遍认同该政权为最适合的政权，即使它存在着不足之处，但认为没有一个可行的政权比它更好，所以没有意愿去改变它（Linz，1998）；另一种维度是对如何获得统治权最终达成某种共识，而政治合法性反映了政权获得这种共识的能力（Friedrich，1963）。这两种理解政治合法性的维度，可以有助于我们分析政府是如何获得自己的政治合法性并且使获得的成本最低。

在人类近现代历史上，政府获得自己的政治合法性出现过多种不同的方式。一种常见的政治合法性是负合法性（negative legitimacy），它的获得需要借助一定的舆论手段进行广泛的政治动员，以营造出旧社会的黑暗和压迫，培养民众的阶级意识、翻身意识，从而在民众对旧社会憎恨的基础上，产生对新社会的认同。因此这种合法性是基于新社会与旧社会的对比而获得的。但是它受到了时空和实际统治绩效的影响，往往并不长久和稳定。

绩效合法性

任何政府都不能仅仅依赖负合法性来维持长治久安。在东亚模式中，尤其是在威权时代，东亚政权寻求的政治合法性最主要是绩效合法性（performance legitimacy）。绩效合法性意味着一个政权通过其执政时的经济成就、社会表现以及国防能力来获得民众认同（政治合法性）（Zhao，2009）。任何一个政权都在追求自己长期统治的合法性，对于一个落后贫穷的国家，如果一个政权能够在执政时取得经济上的飞速发展、社会的稳定以及国力的昌盛。这样的表现无疑能够获得落后国家里渴望摆脱贫穷的民众的支持，那么这样的执政方式将会成为大多数落后国家的政权追求政治合法性的首选。在一个国家经济落后的发展阶段，如果经济发展确实能给他们带来福利的提高，民众会愿意通过牺牲一定程度上的政治自由和权利，来获取经济发展，因此，基于绩效的合法性的治理可以看作政治精英与民众之间的一种隐性契约：民众以牺牲相应的政治自由和政治权利来换取经济发展带来的收益。但是，正如我们在第二章分析的那样，如果政治精英和民众之间不能就经济发展及其分享方式达成足够完全的契约，这种隐性合约也非常难以达成，就像我们在大部分发展中国家所观察到的那样。而东亚模式的政府则由于特殊的政治经济和历史条件（具体请参阅第四章），通过互联性关系型治理，达成了与民众的这种基于经济发展绩效的隐性契约。

然而，随着经济的发展，绩效合法性对于威权主义政府而言越来越难以获得。经济的发展，不仅包括经济的总量增长，也包括经济和社会的结构性变迁。工业化和城市化带来的第一产业相对重要性的下降，以及第二产业尤其是第三产业的兴起，社会诞生了大量的中产阶级，成为社会价值和政治诉求的主流。如前文所述，由于民众的社会需求并不是一成不变的，在发展初期民众还能够普遍认同经济发展的至高无上的重要性，这时候以经济发展为单一的任务（single-task）的经济发展是一种比较适宜的发展模式。但随着经济发展，当人们的生活水平提高到一定程度后，单任务的经济增长就很难达到民众对于政府的期望。尤其是作为社会中坚力量的中产阶级的政治诉求日益多元化，他们对提高政治参与度、开放言论自由、加强民主监督等的呼声越来越高。而对这样的呼声，威权主义政府是满足不了的。

东亚模式在这种嵌入型体制迈向现代经济的起飞阶段，可以实现较快的经济增长，但是这种体制的发展潜力在比较短的时间内会被发挥殆尽。东亚经济体大都在高速增长二三十年后骤然经历经济增速的大幅度下滑，而安格鲁-撒克逊自由经济体则可以几百年长期保持稳健的增长（Rajan and Zingales，2004）。所以，嵌入型体制对绩效合法性的追求会使自己陷入两难境地：要获得政治合法性，政治精英就必须给予民众经济高速增长的承诺，否则政府的合法性就无从谈起；通过快速的增长固然可以带来基于绩效的合法性，但是经济增长的速度总是会慢下来；但经济增长速度慢下来的时候，政治精英就会面临着真正的合法性危机。

从动态的角度看，由于缺乏基于竞争性民主的程序合法性和发达的民间社会，威权主义政府实际上是一种"无限责任"政府；随着经济发展，民主的诉求会越来越高和越来越多元化，但由于无限责任，政府不得不去承诺满足这些需求，一旦这种需求不能被满足，就会出现过度承诺问题，政府的合法性就会遇到危机（Zhao，2009）。所以，很多社会革命不是发生在经济落后的时候，而是发生在经济繁荣的时候。对于法国大革命，法国的思想家托克维尔有如下的观察："革命的发生并非总因为人们的处境越来越坏。最经常的情况是，一向毫无怨言仿佛若无其事地忍受着最难以忍受的法律的人民，一旦法律的压力减轻，他们就将它猛力抛弃。被革命摧毁的政权几乎总是比它前面的那个政权更好，而且经验告诉我们，对于一个坏政府来说，最危险的时刻通常就是它开始改革的时刻。"

程序合法性

当通过绩效合法性得到政治合法性的模式走到尽头时，传统的威权主义政府也就很难再得到民众对自己威权统治的认可。借用《水浒传》中李逵的一句话，"皇帝姓宋，我哥哥也姓宋，你做得皇帝，偏我哥哥做不得皇帝？"当民众对威权主义政府屡屡不能兑现承诺而备感失望后，政府统治的合法性问题就成了政治治理的一个最根本和最重要的问题。而过去单纯追求绩效合法性的方式只是治标不治本，并不能长治久安。威权主义政府的合法性陷入了困局，而突破这个困局的根本在于建立一个制度使得包括统治者和被统治者在内所有成员都能够达成共识并且长久维持下去。要让民众不因暂时的绩效低效而降低对政体的认同感，就应当让民众无条件认同现有的政治秩序，即现有的政治秩序是体现公平正义的。而这种状态对于一个政权来说是最理想的，等于是无条件获得了政治合法性。而要达到这种状态，就必须把制度合法性与统治者的合法性给区分开来，如此社会就必须告别威权时代，步入民主社会。

在民主社会，统治者的合法性在很大程度上依靠支持自己的关键选民。但与威权时代不同的是，获得这种合法性是建立在选民拥有可以通过选举来选择其统治者的能力之上。如果统治者在自己的任内做不出承诺的政绩，那么他们就有很大可能失去他们的合法性，即在下一次选举中落选，被其他人替代。因此，统治者虽然失去统治的合法性，但是这个国家的政治体制并没有改变（Huntington，1991）。这样的一个执政轮换体现了政治制度的合法性，即统治者可能会失去合法性，然而社会成员之间（包括统治者和被统治者）达成了共识去维护这个政治秩序，用这种体制按照一定的程序去产生统治者。通过这个程序获得的政治合法性的统治者在任期内就拥有统治的合法性，我们把这种合法性叫作程序合法性（process legitimacy）。然而在威权体制下，在统治者的合法性和政权的合法性之间都不可能做出明确区分。因为如果威权主义下政府在执政时政绩平平的话，那么这既瓦解了统治者的合法性，也瓦解了这一制度的合法性。因此在威权主义下政府不存在程序合法性的可能。

这种基于程序合法性的政治体制，可以实现适合的长治久安。如果当一个政体确立一个较为稳定的制度体系时，这一制度体系既是社会成员达成的基本共识，又是产生执政者的法律规则，反映了社会政治秩序的公平正义，那么这个政体保持长期稳定就拥有了稳固的合法性基础。因为程序合法性使得统治者合法性与政体合法性两者之间可以分离。如上文所述，当出现重大的政治危机时，民众质疑的是统治者的合法性而不是制度本身的合法性。在这种机制下，政治危机的影响就被局限在统治者更迭上而不是政权的更替上，因而政治秩序更加稳定。所以在民主国家很少有政治革命事件，只有循序渐进的政治改革，它避免了重大的革命性震荡。这正如切·格瓦拉所说，"革命不能用来成功地反对一个通过普选掌权的政府，不论其中是否有欺诈舞弊现象，它至少维持了宪政的合法性。"（Huntington，1991）

然而，这种基于程序合法性的民主政治是否适用于后进国家仍然具有较大争议。正如我们在第三章看到的那样，在后进国家由于市场体系的不完全，政治治理的嵌入性高、关系性强，很难真正建立一套基于程序的合法性的制度安排。即使在形式上建立了基于程序和规则的治理体系，但在社会的实际运行中发挥作用的还是那些基于关系型的治理。而且，在经济和社会都欠发展的历史时期，形式上的民主政治反而存在惯坏民众的可能性，会使个人自由过度，其治理的绩效未必会比威权体制好。其次，民主政治本身也存在着一定的缺陷，通过获得程序合法性上台的统治者，会通过牺牲少数人利益去满足支持自己的多数选民的利益，这往往会忽视社会中少数群体的利益诉求以致引发族群冲突，或者为了获取选票而往往采取短视的行为，从而不利于国家的长期利益。但是，除了民主政治，世界上目前还找不到任何其他解决政权合法性问题的方法。正如丘吉尔（Churchill, 2011）所言，"人类尝试过很多政体，并且还将尝试很多政体。没人假设民主体制是完美的或者全能的，但是它是人类尝试过的所有政体中最不坏的"。

所以，纵使民主有各种缺陷，但它是一种最符合"规则功利主义"（rule utilitarianism）的制度，即是一种能够确保从规则上最大化长期的社会福利的制度，而威权主义则是一种短期内满足行动功利主义（act utilitarianism）的权宜之计。也许正是由于这个原因，我们才观察到，在经济社会发展到一定的阶段后，民主几乎是人类社会的普遍政治诉求。东亚社会在过去 30 年也成功地完成了从威权主义向民主社会的转型。

东亚民主转型：大的图景

一个政体从追求绩效合法性到追求程序合法性是社会向民主转型的重要标志，转型背后除了有经济基础的变化，还有社会制度的变迁。如本章开头所言，人类制度变迁史上主要经历了两种重要的社会秩序，即有限进入秩序、开放进入秩序。目前绝大多数国家的社会秩序都是有限进入秩序，只有极少数发达国家是开放进入秩序。而完成从有限进入秩序到开放进入秩序转型的国家和地区除了传统的西方发达国家（西欧、美国以及部分英联邦国家、日本）外，还包括了最近几十年才完成转型的韩国和中国台湾等东亚国家和地区。以下我们将从社会秩序变化的角度去理解东亚国家和地区转型的动态过程。

在有限进入的社会秩序下，执政组织通过限制进入来获得特权并牟取"经济租"，用"经济租"再来维护自己的统治。同时它通过给予各个精英阶层以特权来达成社会的一致，防止暴力的产生（North, Weingast and Wallis, 2006）。而在开放秩序下，政治体系和经济体系是向所有的社会群体和社会成员竞争开放的，社会的秩序是由公平、公开的竞争来维持的，推动社会进步的机制是熊彼特式的创造性的破坏，其中伴随着经济组织、科学技术和政治组织的不断的创新。

　　传统社会向现代社会的转型即是从有限进入秩序转向开放进入秩序。东亚模式在 20 世纪末基本完成了这种大转型。在有限进入秩序时期，主要经历了脆弱的有限进入（fragile LAO）、基本的有限进入（basic LAO）和成熟的有限进入（mature LAO），并在最后成功地向开放进入秩序转型（You，2011）。从表 5 - 3 中，我们可以看到东亚社会从二战后到现在社会秩序变化的历史轨迹和阶段特征。

表 5 - 3　从脆弱的有限进入秩序到开放进入秩序：
1945 年至今（韩国和中国台湾）

脆弱的有限进入（二战结束之初）	二战结束，台湾光复，大韩民国建立
基本的有限进入（战后重建）	内战结束，土地改革，威权统治确立，进口替代政策
基本的有限进入/成熟的有限进入（经济起飞期）	出口导向的经济政策，民主抗议频发（光州事件、"美丽岛事件"），政府继续实行独裁统治
具备三个门槛条件的成熟的有限进入（20 世纪 80 年代末到 90 年代末）	结束独裁统治，民主转型（韩国 1987 年，中国台湾 1988 年），经济自由化
走向开放进入（1997 年金融危机之后）	金融危机后韩国政府以及财团主导的经济体制改革（1997 年后），政党轮替后台湾民主的巩固以及黑金政治改革（2000 年后），腐败得到有效控制

　　数据来源：You（2011）。

　　在脆弱的有限进入秩序阶段，政府组织本身就不稳定，因此维护社会秩序的能力也比较低。对于韩国和中国台湾来说，这一状态主要出现在刚刚结束二战，摆脱日本殖民统治之后。无论是韩国还是中国台湾，一方面社会刚刚经过战争的创伤，社会百废待兴；另一方面维系统治的政权都是新政权，而且还潜伏着随时爆发内战的可能，社会未来的发展方向仍然具有较高的不确定性。在这一阶段，因为刚结束残酷的二战和殖民统治，社会中的强势阶层——殖民者随着殖民的结束而被新政府接管，传统的地主、资本家阶层基本也被战争消耗一空，所以东亚社会并没有形成真正意义上的精英阶层，这也给东亚社会在下一阶段能够顺利重新分配社会初始禀赋、成为起点平等的社会提供了历史的契机。

在基本的有限进入秩序时期，政府逐渐具备了维护社会秩序的能力，并日益形成了一套成熟稳定的制度去维系社会正常运转。在东亚，这一状态主要出现在战后重建中。一方面，此时社会爆发战争的可能性降低，使得社会的目标逐渐明朗化，即走向经济上的繁荣富强。韩国结束朝鲜战争之后，一纸停战协定让韩朝两国和平分治，降低了韩国社会对战争的恐惧感。国民党败退台湾后，一道海峡让两岸局势逐渐稳定下来，同时蒋介石借此机会肃清异己，不仅减少了内耗，也增强了对危难时刻台湾局势的控制力。另一方面，韩国和中国台湾在行政部门的主导下都实行了非常成功的土地改革，这一改革不仅获得了广大农民对新政权的认可，还让大量贫民也有条件分享经济发展的收益，并提高了他们对子女进行教育投资的激励。"耕者有其田"的土地改革创造了东亚模式共享式发展的基础，具有极其重要的意义。

此外，东亚政府在这一时期都不同程度地接受了来自美国的援助用以战后重建，并且都不约而同地选择了一定的产业政策来促进经济。在政治制度上，东亚政府虽然名义上建立了开放进入秩序的体系，但是实质上仍然实行了高度的威权统治。在韩国，政治体系基本按照西方"三权分立"的思路建立起来，但是韩国人民并没有真正实现自己的民主权利。在台湾，国民党当局在内战时候的《动员戡乱时期临时条款》继续实行，以"国家仍处于战乱中"为理由实行"训政"，即国民党一党独裁统治，只是给予将来实行"宪政"的许诺。

随着经济的飞速发展，东亚社会的发育成熟，民众对民主的需求也逐渐增大，经济发展与政治发展逐渐失衡，而社会秩序也悄悄地从基本的有限进入转向成熟的有限进入秩序。在成熟的有限进入秩序中，政权组织相对来说较为稳定，同时私人组织也开始在经济和政治中崭露头角。在这一漫长的时期内，东亚社会经济迅速起飞，然而政治上却依旧延续着之前的威权统治。威权主义政府在这一时期极力促进经济发展，主导了产业政策，扶植了一批出口导向的企业财团（尤其是韩国）。然而随着民众民主需求的日益多元化，威权统治的根基已经开始动摇。尤其是1980年韩国光州事件的爆发以及1979年台湾"美丽岛事件"的爆发，都迫使威权主义政府逐步放开私人组织进入经济和政治领域。

东亚的政治精英为什么愿意放弃权威统治而进入开放秩序呢？部分原因在于精英阶层面对民众的普遍民主诉求，采取镇压的方式已经不再现实，只有顺从民意向民主转型才能使自己利益最大化。而且民主制度以及完善的法律也能保障自己的利益。那么一个社会怎样才能从限制进入秩序跨越到开放进入秩序呢？威权统治从有限进入到开放进入必须跨过三道门槛，只有真正跨越了这几道门槛，一个社会的秩序才算真正意义上的开放进入秩序，即这个社会成功地实现了"脱嵌"的现代社会。这三道门槛分别是：拥有约束精英阶层的法律、政权内外都有稳固的精英组织存在、军队的国家化（North，Weingast and Wallis，2006）。在东亚社会中，民主诉求的最大呼声就是要结束威权统治，即要制约精英阶层的独裁。而无疑20世纪80年代开始的广泛的民主抗议已经对威权统治的合法性提出了严峻的挑战，终于韩国1987年、台湾1988年结束了威权统治。此后，韩国和中国台湾都解除了戒严，开放了"党禁""报禁"，并建立了成熟的选举制度，保障了执政党的合法性以及在野党上台的可能性。此外，因为仍然存在内部冲突的可能性，韩国和中国台湾的军队都较为统一，都得到有效控制。而结束威权统治也意味着军人政权不可能出现。因此，东亚社会在20世纪80年代末结束威权统治后，基本具备了上述三个门槛条件。到20世纪末期，东亚社会已经跨过了这三个门槛.

20世纪末爆发的亚洲金融危机最终促成了韩国和中国台湾在

世纪之交时完成了现代化的转型。东亚金融危机在韩国严重地削弱了政府与大财团的关系，政府借此契机改革政府，剥离政府和财团的关系，开放中小企业的进入；而在中国台湾，威权主义时代的执政党国民党在 2000 年选举中下台，在野党民进党赢得选举，使得台湾迎来了第一次政党的轮替。而民进党上台后，在打击国民党遗留下来的黑金政治方面也卓有成效。更重要的是，政党轮替后打破了台湾政治旧有的国民党体系，标志着台湾社会在政治上从限制进入秩序到开放进入秩序的转型。

需要再次强调的是，一个社会的政治发展和经济发展之间有着不可分割的内在联系，这两者应该保持同步发展，达到双重均衡（double balance），亦即经济体系和政治体系要么同时保持有限进入秩序，要么同时保持开放进入秩序，而不可能只是在一个体系内保持有限进入秩序，而在另一个体系内保持开放进入秩序（North，Weingast and Wallis，2006）。任何政治和经济秩序失衡的治理结构都不可能长期维持。

韩国和台湾地区在经济起飞后，经济发展已经走在了政治发展的前头，经济体系的开放（尽管不是完全开放）与政治特权的存在也给韩国和台湾地区带来了腐败问题。经济开放，而政治封闭独裁的方式是不可持续的。同样如果政治开放，而在经济上却过度垄断，即使拥有一套完美的民主政治体系也不可能持续存在下去，因为民主机器会受到产业利益的操纵，政府从而失去自主性。韩国的经历是最好的说明。亚洲金融危机爆发前，韩国虽然在政治上比较平稳地完成了民主转型，但是由于没有在经济领域开放进入，大财团的经济垄断却愈演愈烈，所幸的是这种裙带资本主义某种程度上导致了韩国的金融危机，这才迫使韩国政府进行"壮士断腕"式的改革，疏离自己与大财团的关系，这样就达到了经济秩序与政治秩序双均衡的稳态。纵观韩国和台湾地区战后经济和政治发展的历程，我们可以看到成功的土地改革带来的初始禀赋的平等性对韩国和台湾地区最终进入了开放秩序社会起到了关键性的作用；否则这种双重均衡稳态的实现可能要困难得多。

在任何社会，"经济租"都可以提供激励。"经济租"在不同的社会秩序中有不同的性质和表现形式，其分配方式决定了人们的行为和社会的绩效。在限制进入的社会秩序中，精英阶层可以提供特权准入受限领域，从而牟取"经济租"，这不仅助长了"寻租"似的腐败现象，影响社会稳定，而且也破坏了其他社会群体的创业激励，使社会陷入僵化和静止的状态。相反，在经济秩序和政治秩序都开放的开放秩序社会中，所有的社会群体都要靠自己的努力和创造力来获得"经济租"，动态地看，短期内的"经济租"在长期内都会由于竞争者的竞争而耗散掉，这就鼓励整个社会不断创新，创造出新的思想、技术和经济组织、政治组织。

当韩国和台湾地区在完成社会转型之后经济和政治秩序达到了双重均衡。

从政治方面来说，腐败行为得到了极大遏制，财团与政府勾结以及"黑金政治"控制政坛的现象大大减少，甚至是各自的"总统"都能因贪污而被起诉。在经济方面，企业已经不是单纯地靠做出口加工贸易来获取利润，而是通过不断创新在全球市场拥有自己的话语权。在今天，韩国的电子信息产业，台湾地区的半导体产业都是全球领先的，从某种意义上来说应当归功于韩国和台湾地区社会的成功转型。

同样，韩国和台湾地区在不同的发展阶段，获得"经济租"的方式也大不相同。我们可以从经济租的性质和来源这个角度来看韩国和台湾地区是如何从有限进入秩序的社会过渡到开放进入秩序的社会的。表5-4列出了具体两地不同历史阶段的经济租形式（You，2011）。

表 5 - 4　不同时期"经济租"的不同方式

社会秩序种类	"经济租"的种类
基本的有限进入（战后重建）	财产再分配（土地改革），美国援助，进口牌照，外汇交易
基本的有限进入/成熟的有限进入（经济起飞期）	保护（学习），信贷配给，土地投机，垄断
成熟的有限进入（20 世纪 80 年代末到 90 年代末）	垄断，土地投机，保护（学习），信贷配给，熊彼特式创新
走向开放进入（1997 年金融危机之后）	熊彼特式创新

数据来源：You（2011）。

东亚民主转型：具体的分析

上一小节我们分析了东亚是如何从有限进入秩序到开放进入秩序的逻辑和大的图景，接下来我们更具体地分析东亚模式是如何从有限进入秩序过渡到开放进入秩序的。

不同于很多其他国家的民主化进程，韩国和中国台湾的民主化进程更多地被形容为"通过妥协而实现的民主化"（董向荣，2007）。它既不是自下而上暴力革命去推翻威权主义政府，亦不是自上而下通过统治阶级主动去实现民主转型，而是通过威权主义政府和反对派相互妥协达到的，是一个自上而下和自下而上相互结合的过程。

1945 年二战结束之后，韩国从日本的殖民地中独立出来，并在美国的帮助下迅速（在形式上）建立了西式的民主体制。但是韩国刚结束二战和朝鲜战争的破坏，社会百废待兴，根本不可能有足够的经济基础去维持西式的民主体制。在美国扶植下上台的李承晚总统，打着民主的幌子，实质上实行着个人独裁。1960 年 4 月，李承晚当局被推翻，韩国政治出现了一段时间的混乱。1961 年 5 月 16 日，以朴正熙为首的军人集团一改之前的中立立场，发动军事政变建立了威权主义政府。朴正熙经过三年军政（1961～1963年），于 1963 年当选为韩国第三共和国总统。朴正熙上台以后迅速建立了威权主义模式,以强权恢复秩序、清除腐败。朴正熙威权主义政府极力推动经济建设,他制定了"经济发展第一,增长第一,出口第一"的战略方针,并以政府主导市场,扶植大型企业,扫除经济发展障碍。从第二章图 2 – 1 和图 2 – 2 中,我们可以看到,在他任内,韩国经济迅速起飞,被誉为"汉江奇迹",使得韩国摆脱了贫困,走向富裕。可以说在这一段时间,朴正熙通过大大提高韩国民众的生活水平这一优异政绩而得到了民众的认可,即获得了绩效合法性。然而朴正熙一直认为经济发展比民主政治重要,并于自己任内三次修宪,扩大总统权力,连续当选总统。

随着经济的发展,威权式的统治已经难以获得合法性,民众对威权主义政府用经济水平提高换取政治参与的方式越来越不认可。随着民众对民主诉求的愿望越来越强烈,韩国民主化运动掀起了一波又一波的民主化浪潮。1979 年 10 月韩国釜山和马山开始爆发大规模的学生抗议活动,威权主义政府依然习惯性地采用武力镇压。不同于以往的是,政治精英内部对民主化已经出现了意见分歧,朴正熙也因此被自己政府的成员所刺杀。然而朴正熙的意外身亡并没有结束韩国军人政权的威权统治,经过短暂的权力斗争,全斗焕接替朴正熙就任总统并延续了威权主义的统治。经过一段时间的政治动荡,韩国经济转入了低潮,这使得社会上的中产阶级逆潮流地倾向于支持威权统治。

然而威权统治短暂的回春无法掩盖韩国经济与政治发展不协调的问题。很快韩国社会又掀起了抗议浪潮,其中 1980 年 5 月 18 日爆发的"光州事件"最为激烈,影响也最为深远。韩国经济更多地集中在首尔和釜山等大都市周围,长期处于经济发展边缘的光州率先向威权主义政府示威,大量学生和市民走上街头抗议威权主义政府,结果在 5 月 18 日这天遭到了全斗焕政府的武力镇压,造成了大规模的流血伤亡。虽然全斗焕政府强行用军事力量镇压住了民众反抗,但是这一时期韩国工业化逐渐成熟,人民的价值观已经发生深刻的变化,"光州事件"的阴影一直笼罩在人民心中,戒严和镇压并没有阻挡人民渴望民主的决心。

韩国民主化的呐喊逐渐从民间转变到政府内部，威权主义政府再也没有力量去阻挡民主化的到来。1987 年 6 月 29 日，民主正义党总统候选人卢泰愚发表了著名的"6·29 宣言"，其主要内容为：把总统间接选举制改为直接选举制，保障言论自由，实行地方自治制，政府不得干涉大学，赦免异见人士和政治犯。该宣言也被全斗焕所接受，卢泰愚也于 1988 年当选总统。虽然威权主义政府出身的卢泰愚政权是不是民主政权仍然值得商榷，但是毫无疑问，"6·29 宣言"是韩国威权时代终结的标志和民主化的肇始。这之后，韩国政治不断深入政治民主化，并将高度集权的政府不断剥离。

而台湾地区政治转型的路径与韩国也基本相同。国民党在 1949 年败退台湾后，励精图治，建立了强势的威权统治。蒋介石时代，台湾的核心任务仍然是以保卫台湾和反攻大陆为核心，但不可否认蒋介石时代为台湾经济建设打下的基础，主要是战后重建、建立金融系统、推动土地改革和地方自治、普及义务教育等。到了蒋经国时代，伴随着"十大建设"，修建基础设施，发展出口加工业，使得台湾经济迅速起飞。"两蒋"时代都是威权统治，在一定时期内通过经济的高速发展获得了民众的认可。但是随着经济发展的深入，政治一直未得到发展，而出现了政治和经济发展的不协调，加上台湾本土意识的增强，使得民间反对威权统治的力量开始涌动。

20 世纪 70 年代末 80 年代初，台湾地区要求民主的声音日益高涨。一群具有本土意识的台湾知识分子开始挑战国民党一党专政的权威，并创办了为民主呐喊的《美丽岛》杂志，借以向国民党当局施压。在 1979 年 12 月 10 日杂志社主要成员纷纷走上街头示威游行，遭到了国民党当局的镇压和逮捕，引起了普通台湾民众的极大不满。在审判"美丽岛事件"主要成员时，国民党当局受到了美国的干涉，破天荒地公开了审判过程和被告陈词。"美丽岛事件"标志着台湾政治环境从封闭逐渐走向开放，是台湾民主化进程中影响最深远的历史事件。而参与"美丽岛事件"的成员，比如施明德、陈水扁、吕秀莲也因此名声大噪，逐渐成为挑战国民党权威的中坚力量。在这之后被认为是间谍的美籍华人江南遭遇当局派出的情报人员暗杀，这一事件的发生立马引起社会舆论的哗然，并受到美国政府的强烈干涉，这一公众事件使得政府威权形象大大受损，而维系国民党威权统治的情报部门在这一事件中得到整顿，面临重组。

"美丽岛事件"和"江南案"成为压垮国民党威权统治的"最后一根稻草"。面对岛内局势变化，蒋经国认为"天下没有永远的执政党"，"法统在法不在人"，民主改革势在必行，他于1987年逐步宣布"解除戒严，开放党禁"。这标志着台湾民主化道路的开始，威权时代的终结。1996年，中国台湾进行了首次"总统"直选。2000年，实现了首次政党轮替。与韩国不同的地方在于，中国台湾的政治转型是由威权主义统治者蒋经国自己开启的，这在世界民主化历史中并不多见。也许马英九在《怀念蒋经国先生》一文中对蒋经国的评价最为公正，也最能概括台湾当局从威权到民主的转型成功之处："我们可以说经国先生是一位威权时代的开明领袖，他一方面振兴经济、厚植国力，一方面亲手启动终结威权时代的政治工程。我们崇敬他，就因为他能突破家世、出身、教育、历练乃至意识形态的局限，务实肆应变局，进而开创新局，在这个意义上，他的身影，不仅不曾褪色，反而历久弥新。"相比较而言，台湾地区实现民主化的道路相对于韩国流的血要少得多，更偏向于执政精英主动去推动民主转型。所以台湾民主化的顺利推进从某种意义上来说得益于台湾地区高层领导人拥有包容的政治胸怀和高瞻远瞩的政治智慧，但其根源仍然在于台湾社会发生了质变。

台湾地区和韩国之所以能够从威权主义走向民主，究其背后的社会和历史原因在于：首先是拥有了实现民主化的经济基础。韩国和台湾地区都是从20世纪60年代末和70年代初经济起飞，并于80年代完成现代化，与此同时都遇到了要求民主化的抗议的问题。从长远来看，经济发展将带来民主化。而从短期来看，经济的高速增长和危机爆发，将共同使威权主义政府崩溃（亨廷顿，1989）。其次图2－8和图2－9显示了韩国与台湾地区在经济发展过程中产业结构变迁的过程，农业人口的不断减少与城市中产阶级的兴起，使得民众对自身政治参与度的要求越来越高，威权时代仅仅靠经济绩效换取民主的方法已经不再适合了。而另一方面，威权时代的弊端也日益凸显，贪污腐败、"黑金政治"在台湾地区和韩国都屡见不鲜，这都重创了威权主义政府的形象，动摇了威权主义政庥的基础。除了以上导致民主化的本质原因外，韩国的全斗焕、卢泰愚以及台湾地区的蒋经国等威权主义的领导人对民主化态度的转变也加速了威权统治的灭亡和民主政治到来的内因。而对韩国和台湾地区拥有重要影响力的美国在两地民主化进程中也扮演了重要角色。美国政府从一开始出于国家利益拥护威权主义政府到最后对全斗焕和蒋经国政权施压，在一定程度上左右了两地的民主化进程，是最重要的外因。

二 从基于投资的增长到基于创新的增长

东亚模式完成了从有限进入秩序到开放进入秩序的转变，进入经济和政治领域相对独立、都是开放竞争的社会，本质上就完成了制度意义上的脱嵌；同时，这些国家和地区也从基于关系的社会，变成基于规则的社会，这种变化尤其体现在政府与企业关系方面。这种变化最终使得这些经济体的增长模式实现了从基于投资的增长到基于创新的增长的大转变。

政府与企业的关系变化

在民主转型后，公民的政治权利得以加强，政府和企业的关系也发生了深刻变化。我们在第四章分析过，政府和大企业之间的关系型合约在东亚模式的经济赶超过程中起到过弥补市场缺失的作用，特别对于日本和韩国经济而言。有意思的是，东亚早期的这种互联性的关系型制度安排在促进市场发育和经济发展的同时，也促进了自身的解体。理论上来说，这种解体是通过两种效应进行的。

第一种效应是专业化效应。政府早期的干预促进了专业化分工和市场的完备化，企业可以从专业化市场上得到的收益超过了在产业政策下与政府互动中得到的收益，产业政策对企业而言就没有吸引力了。第二种效应是市场厚度效应。即使专业化市场已经存在，但如果市场比较稀薄，即参与交易的人比较少，交易量和频率比较低，企业的搜寻成本也会比较高，企业可能会继续依赖与政府的互联性合约。只有当市场厚度足够大，企业在市场上搜寻交易方的成本足够低，并且企业从专业化市场上得到的联合收益高于政府产业政策下的收益时，产业政策才会解体。这两种效应在真实世界中往往是同时发生的。

在这两种效应下，我们在第二部分讨论的产业政策发挥作用的几个条件也发生了变化。首先，政府的权威性和政策工具的有效性都发生了变化。随着专业化的信贷市场等发育成熟，企业不再像原来那样需要政府的相应支持。正如研究日本的学者指出的那样，"政府这时不再拥有影响企业决策的资源，尤其对大企业而言，它们现在很少依赖补贴。当胡萝卜（即激励）减少的时候，政府对其接受者（即企业）的价值也就下降了"（Eads and Yamumura，1987）。在韩国和中国台湾后来也出现了类似情况。这样，在经济发展到一定程度后，我们前面讨论的产业政策发挥作用的第二个条件就不再成立了。从经济发展阶段和技术水平的角度来看，在经济发展初期，经济所需的技术远离世界技术可能性边界的前沿，可以学习现成的技术和组织形式，这时候关键的问题是如何动员和利用资源，此时政府可以起到更重要的作用。但当经济发展到基于创新的阶段后，研究和开发变得越来越重要，经济中需要的技术水平处在世界技术可能性边界的前沿上，这时候政府由于缺乏关于前沿技术的知识，就很难制定和实施产业政策，资源通过微观主体的分散化配置就会更重要。

从国内的政治角度来看，在经济发展初期，社会对经济发展容易达成共识，因为温饱问题是第一位的，很容易得到经济增长至上的社会目标函数。但在经济得到充分发展之后，人们的偏好日益多元化，对公共品、权利等有了新的要求，社会的增长共识不再存在。例如，日本自 20 世纪 60 年代末期尤其是 1973 年的石油冲击以来，增长共识开始动摇。社会上开始出现对环境问题和民众生活压力问题等的批评；而且如何分配经济增长的成果也成为公众关注的问题，对于更好的社会福利和住房等问题的要求也越来越高；民众对政府给一些产业和利益集团提供补贴也开始予以越来越多的批评。很多人已经开始质疑这种以较高的社会成本为代价的高速增长。社会共识的改变开始导致日本自民党在国会中的地位下降（Eads and Yamumura，1987）。另外，在社会价值观方面，人们开始对公正、平等有了更高的追求，这也推动了经济的进一步自由化和威权主义政府向民主与法治的转型。在韩国，经济的发展促进了企业家阶层和中产阶级的崛起。从 1987 年卢泰愚任总统开始，劳工运动也开始兴起，韩国开始了政治的民主化过程。中国台湾自 20 世纪 80 年代以来，随着经济发展水平的提高，各种民间力量也蓬勃兴起。尤其是代表中产阶级的民间力量（如促进消费者保护和环境保护的组织与运动、争取劳动和农民权益的团体）也如雨后春笋般发展起来（庞建国，1997）。随着经济和社会的发展，政治过程越来越要反映不同社会力量的利益，这样民主化就成为历史的必然。

另外，从国际环境的角度来看，随着经济逐渐开放并融入世界经济，政府早期可以直接利用的政策工具（如对国内信贷市场的控制、对投资的直接干预等）和可以间接利用的政策工具（如进出口配额、弱的反托拉斯法、政府采购中的优惠等），在国际上遇到了越来越大的压力。例如，日本 1962 年的进口配额涵盖了 466 种商品，在国际货币基金组织（IMF）和关贸总协定组织（GATT）的压力下，进口配额涵盖的商品种类开始逐渐减少；其他的改策补贴和优惠等在国际组织的压力下也逐渐摒弃。在韩国和台湾地区后来也出现了类似情况。

所以，东亚模式的国家和地区在经济发展到一定的程度后，都先后开始了对内外的放松管制和经济的自由化进程。由于这些国家和地区比较好地实现了共享式发展，收入差距比较小，创造了一个比较大的中产阶级，因而政治上的民主化也进行得比较顺利，并且比较巩固。但是，需要指出的是，由于原来威权主义政府干预下的制度安排是一套制度体系（system），在转型的过程中各种制度的变革速度不一定会配套，因此，东亚经济、政治和社会转型也不是一帆风顺的，而是出现了一定的断裂和制度真空。日本的经济在20世纪80年代末就开始陷入低增长的陷阱，90年代末期爆发了亚洲金融危机，就是这种制度真空的表现（Li，2003）。

我们以韩国为例来进一步分析。韩国的财团在韩国经济起飞和政治转型过程中，都扮演过十分重要的角色。韩国的大财团将自己的事业拓展到社会的很多领域从而拥有巨大的财富，左右着韩国的经济。在二战结束后，韩国的一批本土企业家通过收购日本殖民者的企业和土地来完成自己的原始资本积累，并在美国的援助下奠定了坚实的经济基础。在这一时期，这些企业和政府的关系还较为松散。在进入20世纪60年代后，韩国的威权主义政府大力推动经济建设，鼓励出口加工并大力扶植大型企业。在这一时期不少企业凭借着这一宽松政策的契机，迅速积累资本转变成财团。此时，财团和政府的关系已经相当紧密。在政府的保护和鼓励下，韩国前二十大的财阀从1973年的1/5上升到1978年的1/3。在进入80年代后，韩国十大财阀的年出口额比例直线上升：1981年43%，1982年58%，1983年67%。从这一阶段直到金融危机前，韩国的财团进入了疯狂的扩张期，他们凭借着之前的资本积累以及和政府的良好关系，逐步从轻工业转入重工业，控制着国家的矿产、航空、汽车、造船等大型工业中。不可否认的是在韩国经济起飞阶段，韩国的财团通过整合国内资源，配合政府政策集中精力进行经济建设，为韩国经济发展和产业升级做出了巨大贡献。

然而，随着韩国民主化的深入，财团的肆意扩张使得社会的资源集中在一小部分人手中，这阻碍了韩国经济的自由化进程。韩国企业在扩张的过程中也通过抢夺银行贷款、享受优惠政策等方式侵占了中小企业的生存空间，不利于市场的良性竞争。而庞大的财团自身在治理结构也上暴露了很多问题。首先是韩国财团大都实行家长式管理，在初期凭借着创始人的企业家精神可能使得企业生机勃勃，然而随着发展，这种家族式的管理也暴露出越来越多的问题，企业的发展便陷入泥沼，使得韩国企业在这一阶段的国际竞争力大大减弱。而在与政府关系方面，一方面财团与政府关系十分紧密，政企不分家给了很多官员贪污腐败的空间；另一方面，大财团凭借着与政府良好的关系，保障了他们能够借到大量的贷款。良好的政企关系也能够使大企业在处于危机时常常能够得到政府的资助，这更加增强了财团扩张企业的信心。过度自信和盲目扩张，使得韩国企业的负债率大幅上升。1997 年时，韩国各大财团的平均负债率都在 300% 以上，超过 500% 的就有 10 家，企业的高负债绑架了整个韩国经济。1997 年亚洲金融危机的到来，暴露了韩国扭曲的政企关系。企业因为高昂的负债率和经营能力的下降使得一大批财团破产，包括现代和大宇这样的顶级财团，大量贷款给财团的韩国银行也面临着资不抵债的危机。韩国经济在 1998 年的增长率出现了自 1980 年以来的首次负增长，走向了崩溃的边缘。虽然金融危机把韩国财团逼入绝境并拖累了韩国经济，但从某种意义上来说，这也给韩国政府带来改革和整顿财团的决心和契机。

金融危机爆发后，金大中总统上台并对韩国的财团进行了大刀阔斧的改革，总体来看，韩国的企业改革是在 "5 + 3 原则" 的框架下进行的。1998 年 1 月，与五大企业集团就企业结构改革的五项原则达成协议。这五项原则分别是：提高企业经营管理的透明度；禁止企业间相互担保财务；改善企业财务结构；设定核心企业及加强中小企业的协作；加强股东与经营者的责任。为了进一步巩固和加强韩国企业结构调整的成果，1999 年 8 月韩国政府与财团又达成三条原则，主要内容包括：限制财阀对非银行金融部门的控制；查禁财阀附属公司间的循环投资和不公平交易；避免财阀对继承人的不适合遗产赠予。通过对大财团金融的改革，政府与财团关系也逐步剥离。同时政府对财团的改革也立马收到成效，韩国的财团负债率大大下降，并让大量财团控制的绩效差的中小企业破产，让财团不再相信政府被财团"绑架"的假象，给他们以足够的威慑。政府逐渐与大财团剥离了之前相互依赖的关系。此外，韩国政府又有针对性地对政府机关进行了精简，鼓励韩国产业升级，扶持高科技信息产业以及放松海外投资限制等措施，将韩国经济迅速从崩溃边缘拉回正常的经济运行轨道。

虽然这一系列的改革并没有从本质上改变某些大财团的垄断地位，但韩国政企关系的优化促进了韩国产业的升级，使得韩国在金融危机后大部分产业处于世界领先地位。三星、LG 等韩国大企业已经成为同类企业中的佼佼者，成为具有世界影响力的企业。之后 2008 年金融危机的爆发也波及韩国经济，但更多的是对韩国对外投资的影响，并没有像 1997 年金融危机那样影响国内实体经济。

韩国政企关系的变化体现了韩国社会在经济上"脱嵌"的过程，巩固了韩国民主化的成果。而 1997 年爆发的金融危机，韩国政府成功化解，并以此为契机推动改革和加速社会"脱嵌"，完成从限制进入的社会秩序转向开放进入的社会秩序。

基于创新的增长

正如前面所述，有限进入秩序与开放进入秩序两种体系下，租金的性质与创造方式有着根本区别。在开放进入秩序下，经济主体是通过熊彼特式的创新（创造性破坏）在市场上展开竞争，会从根本上改变一个社会前进的动力。经济发展也会从基于投资的阶段过渡到基于创新的阶段。正如我们在第二章提到的那样，韩国在东亚金融危机之后，变成了一个开放秩序的社会后，韩国和中国台湾企业的技术进步取得了很大的进展，特别在信息技术（IT）行业上，例如韩国的三星、LG，台湾地区的华硕等都已经成为国际知名企业。

20 世纪 80 年代后期以来，中国台湾和韩国已成为世界 IT 产业的重要基地。在 2002 年，中国台湾生产的个人笔记本电脑占全球市场的 60%（MIC，2004）。同样，韩国也在世界的 IT 行业占重要地位（KISDI，2003），尤其是在产品方面，如动态随机存储器（DRAM）芯片和薄膜晶体管液晶显示器（TFT - LCD）等。在电子领域，韩国和中国台湾不仅是快速的学习者，而且也是创新者。事实上，韩国和中国台湾 20 世纪 90 年代初以来，迅速提高其技术能力以创新，从美国授予其他国家和地区的专利数量就可以清楚地看出这一点。仅在 2003 年，在美国授予的专利数量上，中国台湾成为世界第四（5298 例），韩国成为世界第五（3944 例），仅次于美国、日本和德国。在这些专利中，IT 行业占了大多数（Wang，2007）。

国际视野下的东亚政治转型

如第三章所述，不同于东亚模式的发展特点，拉丁美洲和非洲很多国家的政府都具有较低的自主性。拉丁美洲和非洲的许多国家在 20 世纪 80 年代开始的第三波民主化浪潮中纷纷推翻了威权主义政府，建立了自己的民主政府。然而相比于韩国和中国台湾，拉丁美洲和非洲的民主化过程并没有那么成功。威权时代能否成功地转向一个真正的民主时代，取决于两点：一是转型问题，即废除旧有体制和势力，建立新制度。关键在于如何对待之前的威权执政者和以程序合法性为基础的民主选举制度。二是各自国家的自身特点，比如经济发展、社会稳定、外交关系等（亨廷顿，1989）。而韩国和中国台湾在民主化推进过程中比较和平，因此东亚在转型问题上解决得较为成功。由于经历了高速的经济增长期，东亚在民主化转型前就已经拥有了雄厚的经济基础，且由于收入差距一直比较低，使得社会一直处于较为稳定的状态。而与此同时拉丁美洲和非洲在这两个问题的处理上显然没有韩国和中国台湾那么成功。

拉丁美洲国家在战后纷纷取得了独立或者推翻原来的封建政权。然而随后上台的军人政权也如韩国和中国台湾一样实行着威权统治，也经历了与韩国和台湾地区类似的民主转型路径，在 20 世纪70年代末和80年代初包括阿根廷、巴西、乌拉圭、墨西哥等国在内的拉丁美洲国家开始向民主时代转型。然而不同的是，拉丁美洲的民主转型过程中，并没有处理好上述两个问题。一方面，拉丁美洲在表面上建立了一个与西方发达国家类似的民主政治制度，但是由于拉美独特的历史和社会现实使得这些国家一直缺乏有"自主性"的政府。政府没有足够的力量去推动经济发展，因此社会的政治秩序只能依靠军人政权用暴力去维持。即使在军人政权倒台后，军人势力也并没有完全退出拉美政府。在许多拉美国家中，内阁中仍然有相当比例的军人，并且他们拥有一定的经济控制权。民主化的浪潮并没有让军人彻底退出政治舞台，仅仅是一定程度上的遏制，他们依然可以左右国家的政治走势。

拉美政府在缺乏"自主性"的同时，经济发展却深受美国的影响。早在20世纪60年代，拉美经济就开始走向类似于美国的自由经济，并取得了一定的成就。然而由于政府对经济缺乏控制，加上在发展初期政府没有处理好收入差距的问题，拉美社会从80年代开始就陷入了债务危机，经济一蹶不振。经济停滞和贫富差距的扩大，给拉美社会带来了动荡，阻碍了民主化的顺利进行。经济的停滞降低了民众对政府的信任，使得本来就不强势的政府更是失去了民众的支持。而贫富差距的扩大导致了更严重的政治问题。如上文所述，收入差距与民主化可能性呈倒"U"形，而拉美巨大的收入差距使得社会精英为了维护自己的经济利益更加没有动力去推动真正的主权在民的民主政治，因为缩小贫富差距意味着统治精英的利益要分给民众。于是民众与社会精英的隔阂也愈来愈深，社会动荡也不时发生。因此拉美政府也没有处理好第二个问题。因此拉美并没有像韩国和中国台湾一样顺利转型，拥有一个巩固的民主体制。拉美社会也远远没有达到向开放进入的社会秩序转型的条件，因为拉美社会并没有一套能够在实质上发挥作用并限制精英阶层的法律，此外拉美军人的势力仍然活跃在政坛上也阻碍了拉美民主转型。

相比拉美政府，非洲政府处理这两个问题的能力更弱。非洲民主化的进程和程度远远落后于世界其他地方，时至今日，利比亚、埃及和突尼斯仍在民主化的道路上流淌着血泪。由于历史原因，非洲国家在发展初期的任务是摆脱殖民化。殖民者简单地依据经纬线来划分非洲国家的国界，使得约有 2000 多个非洲部族被划分在若干个国家。非洲文化和语言的独特性导致不少非洲人对部族的认同感远远超过对国家的认同感。在过去几十年中，部族利益斗争，部族与国家的矛盾一直没有停止过，其中不少矛盾还升级为流血冲突事件。正是这一历史原因，使得非洲国家的政府只有很低的自主性。而在经济方面，不少非洲国家（尤其是撒哈拉沙漠以南非洲），由于恶劣的自然条件，很多人仍然生活在死亡的边缘，饥饿与疾病似乎是永远的主题。即使在自然条件相对来说较好的北非，比如利比亚、苏丹等国，各个地方和派系为了争夺国内的自然资源也时常发生内战，经济发展就更无从谈起。种族间的冲突、经济的停滞和贫穷的困扰导致非洲政府缺乏有效的国家能力，政府也无力控制贪污腐败等社会问题。国家的不稳定和政府对社会缺乏控制力，使得非洲民主化进程常常陷入僵局。此外，大部分非洲国家的社会秩序离开放进入的目标还有很大距离，也远远未达到向开放进入转型的三个门槛条件。

　　纵观二战后的世界发展史，只有东亚少数几个国家和地区真正成功地实现了经济赶超和政治转型。在经济起飞的时期，政府的自主性和政治经济上的嵌入性的结合提供了经济赶超的适宜的制度结构，较好地弥补了市场的缺失；在经济发展到一定阶段之后，又能够在制度上成功地实现"脱嵌"，而进入以民主政治、法治社会和市场经济为标志的开放秩序。反观二战后的其他地区，没有哪个发展中国家能够同时具备政府的自主性与政治经济上适度的嵌入性，从而不能实现经济的赶超，经济和政治发展都陷入了某种难以自拔的陷阱。东亚模式的发展经验告诉我们，经济起飞前（土地改革创造的）平等的初始禀赋，对于政府的自主性、发展型的政府与后来的政治转型是至关重要的。

在本章快结束的时候，需要指出的是，二战后东亚地区特殊的历史环境以及美国的作用也许同样是不可或缺的。韩国和中国台湾在二战之前都受日本的殖民统治，二战后都是在美国帮助下建立政权以对抗共产主义阵营。因此在战后社会发展过程中，美国对韩国和中国台湾的影响是最重要的国际因素。美国在韩国和中国台湾地区政治发展过程中主要起到以下两方面作用：首先，两地都是作为美国对抗社会主义阵营的桥头堡，美国给予了大量军事和经济上的援助，同时对两地的政治集团给予必要的扶植。当威权主义政府在两地奄奄一息时，美国政府顺势向当局施加民主改革压力。其次，美国自始至终都没有停止向两地灌输"自由民主"的西式价值观，并一直加强与两地的文化交流。美国也更希望使两地成为民主的样板，以对属同一国家的社会主义部分形成震慑力。韩国和中国台湾的民主政治都深深打上美国的烙印，处处有美国的影子，不可否认美国对两地的政治转型起到了至关重要的作用。

尤其是，美国的政治家们（尤其是杰斐逊）就认为，初始经济禀赋的平等和相对平等的财产权利是经济繁荣和社会进步的先决条件，这被称为"杰斐逊主义"，也是美国主流的政治哲学之一。后来的经济史学家们认为，这是造成北美洲和拉丁美洲不同发展路径的根本原因。有意思的是，所谓的东亚模式的成功，很大程度上也是由于美国对这种哲学的灌输影响了当时的东亚政府。日本在美国（麦克阿瑟将军）的管理下，成功地解散了大财阀并实行了平均主义的土地改革。与此同时，在美国的影响下，韩国和中国台湾地区在1950年左右，也成功地实施了"耕者有其田"的平均主义的土地改革。这样，初始禀赋的平等为这些国家和地区后来的共享式增长打下了很好的基础，基尼系数一直保持在比较低的水平。在政治上，初始禀赋的平等还使得利益集团问题并不严重，容易达成社会共识，政府可以实施有利于社会的经济政策。所以，从历史的角度来看，东亚模式的最重要特征可能是初始禀赋的平等，而从这一点上来说，也就算不上什么模式了，因为美国在历史上也是如此的。

由于这些国家和地区经济地位上的平等，东亚模式下的国家和地区比较平稳地进行了政治民主化，而且民主化之后比较巩固。现在经济学家基本上都认为，初始禀赋的平等加上好的制度对于经济的发展和社会的进步是至关重要的。

同时，国际上民主化潮流对韩国和中国台湾也有一定的积极意义。从 20 世纪 70 年代开始，葡萄牙、菲律宾、东欧、拉美等地威权主义政府相继垮台，掀起了一股世界范围内的第三波民主化浪潮（Huntington，1991），自由民主的思想也普遍被世界人民所接受。国际政治环境的变迁对韩国和中国台湾威权主义政府的存在也造成了消极影响。这些外因和内因的结合促进了东亚模式的政治转型。

三　东亚模式的启示[①]

东亚的发展模式为理解经济发展和制度变迁的过程提供很多启示。东亚模式给我们的一般性启示是，政府的作用是经济发展阶段的函数：在经济发展的早期阶段，政府可以通过一系列政策起到弥补市场缺陷和促进市场发育的作用；在经济发展到比较高的水平、市场发育比较健全的时候，政府应该退出直接的干预领域，转而创造一个公平竞争的市场环境；在经济发展到一定的阶段不失时机地推进政治转型，使得国家走上民主和法治道路。具体来说，东亚模式可以给我们如下启示。

嵌入型体制经济上的代价：扭曲价格信号

在经济层面上而言，东亚模式这种嵌入型经济体制本质上是通过互联的关系型合约来配置资源，这实际上是一种"将价格做错"的做法。正如我们在第四章论述过的那样，在一个相对较短的历史时期内，后进的经济体在一定的条件下可以实现快速赶超。但是需要指出的是，这种"将价格做错"的发展模式只有在开放的经济条

---

① 下面的讨论深受秦晓先生的启发。

件下才能更好地运作，这是因为，嵌入型体制造成的扭曲必须通过某个渠道释放出来，在完全封闭的经济体中，这种体制很难有运作的空间。特别的，嵌入型体制通过将价格做错而促进某些产业的快速发展，往往会导致国内市场不能消化过剩产能，东亚经济体通常都会出现产能过剩（参见图5-1和图5-2）；在开放的经济环境下，这些过剩的产能可以通过出口而被国际市场所吸收。开放的经济不仅吸收了国内过剩的产能，国际市场上的价格还为国内扭曲的价格体系提供一个有效的信号基准，这在一定程度上可以克服国内扭曲的价格对资源误配的影响。

但是，随着一个国家的经济结构越来越复杂，这种扭曲的价格体系对资源误配产生的影响就会越来越严重。在基于投资的发展阶

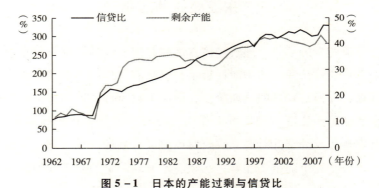

图 5 - 1　日本的产能过剩与信贷比

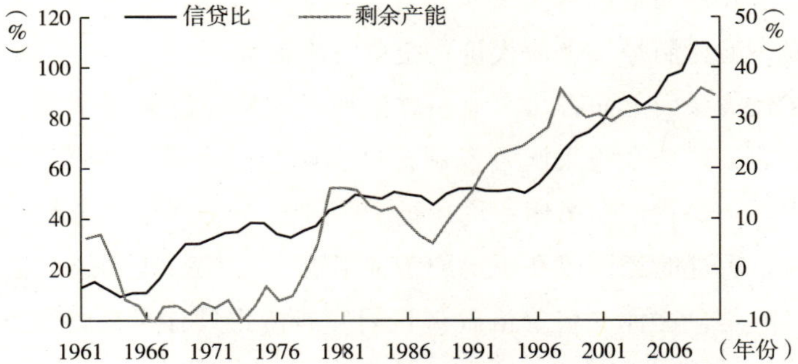

图 5 - 2　韩国的产能过剩与信贷比

段，东亚模式下的产业政策可以模仿发达国家现有的成熟技术来优先发展某些产业，对经济的扭曲也许还处在次优状态；但当经济发展到基于创新的发展阶段时，技术水平接近世界技术前沿，没有现成的技术可以直接模仿，这种"将价格做错"的产业政策不仅做不到"次优"状态的资源配置，相对于比较完备的市场体系下的价格信号，还会对资源配置产生较大的扭曲效应。特别的，由于这种封闭的体制限制了熊彼特式的"创造性破坏"的竞争，加剧了价格信号的动态扭曲效应。

东亚经济的发展也说明了这一点。这在某种程度上导致了经济增长的速度不是逐渐下滑，而是呈阶梯式下滑。图 5 - 3 显示了日本经济发展的几个阶梯式发展阶段：从 20 世纪 50 年代末到 70 年代初，年均经济增长率接近 8.89%；70 年代初到 90 年代初，年均经济增长率为 4.29%；而从 90 年代初到最近几年，年均经济增长率则不到 1%。这种阶梯式的增长模式说明，早期的发展模式反而成了后期发展的桎梏。

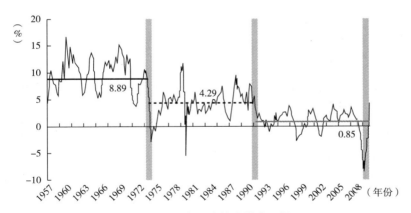

图 5 - 3　日本经济的阶梯式下滑

嵌入型体制政治上的代价：官商勾结

我们前边分析过，嵌入型体制要想得以维持，必然设置产业进入壁垒，这样才能维持关系型合约的运行，由此创造的"租金"也给相关的各方提供了长期的激励，这种激励替代了价格机制下的激励。短期来看，政府和企业的关系型可以弥补市场的缺失；但从长期来看，这种关系型合约必然导致官商勾结和腐败，不利于新企业的进入和熊彼特式"创造性破坏"创新：固有的既得利益群体为了维护自己的"租金"，会竭力阻止新企业的进入，来巩固自己的在位者特权，必然导致官商不分、官商勾结和体制性腐败，不仅影响经济发展，也会进一步侵蚀政治合法性。在东亚模式的所有国家和地区，腐败都是难以避免的现象，因为它是内生于这个体系的一种"生活方式"。

嵌入型体制的脱嵌往往需要外部的冲击：经济金融危机的助力

更重要的是，尽管嵌入型体制有如上的经济和政治上的代价，嵌入型体制未必会自动脱嵌，这是因为嵌入型体制是一种可以自我维持（self-sustaining）的，甚至是自我加强的体制：关系型合约压制了市场信号，使得关系成为配置资源的主导手段；而到经济主体主要依赖于关系的时候，市场体系就更加不完全。嵌入型体制在政治上也是自我加强的：关系型合约构成了一种政治体系的进入壁垒，既得利益群体会想尽一切办法来维护自己的特权。利益集团之外的社会群体往往由于集体行动（力量分散导致的"搭便车"）问题而不能改变现状。

这种情况下，嵌入型体制往往难以完全通过其自身的演化而"脱嵌"。国际性金融危机往往可以促进嵌入型体制的"脱嵌"。正如我们前面论述过的，亚洲金融危机促进了韩国政府和企业财团关系的疏离，加速了韩国经济的脱嵌。有意思的是，亚洲金融危机本身也是亚洲的关系型资本主义在全球化的过程中与现代资本主义体系碰撞和摩擦的一个结果。1997年末的亚洲金融危机爆发于泰国，席卷了马来西亚、印度尼西亚、韩国等东南亚和东亚经济体。这些东南亚的新型经济体也是典型的关系性资本主义，政府与企业的关系十分不透明、公司治理水平很低。这些国家在融入国际经济的过程中从西方国家吸引了大量外国资本，由于这些国际资本的所有者对这些国家的产权和法律制度没有信心，所以投资往往采取了短期资本（"热钱"）的形式。而一旦经济基本面出现一些负面变化，或者即使基本面良好，但出现了一些利空的消息（bad news），这些"短期资本"就会迅速逃离这些国家，从而在短期内对这些国家的汇率和国内的金融体系造成巨大冲击，引发金融危机（Rajan and Zingales，1998）。金融危机的产生，对这些国家的关系型资本主义造成很大冲击，加速了这些国家经济"脱嵌"于政治体系的进程。

起点公平的重要性

东亚经济毫无例外都在经济起飞之前，进行了有效的平均地权的改革。要素市场的这种改革为民众创造了经济地位平等的条件，使得经济增长的成果可以比较好地惠及大众，而且便于政府实施有利于经济增长（pro-growth）的政策，容易形成增长共识。而且，在经济发展到一定程度后，庞大的中产阶级的形成，又容易保证政治比较平稳地民主化，民主化的成果也比较巩固。

反观二战后发展中世界的其他地方如非洲和拉丁美洲，起点公平这一点的重要性怎么强调都不过分。在非洲和拉丁美洲，社会的起点不公平使得惠及全民（帕累托改进）的社会政策无法实施。例如，贝茨的研究发现，许多非洲国家的农业政策，表面上看好像是通过政府干预来促进经济发展，但实际上只是为了争取乡村和城市精英的支持，以及增加政府官员的经济利益，以便维系这些利益集团的向心力，好让政权延续下去。这样的国家往往缺少稳定性和坚实的制度基础，所以无法实施市场取向的国家干预政策，无法通过推动长期全面的发展计划来争取民心，而必须去"收买"特定社会群体的支持（Bates，1981）。拉丁美洲的情况也与此类似，土地等要素禀赋初始的不平等及其引起的巨大的收入差距，不仅导致这些国家的政府难以保证自身的自主性来实施惠及民众的长期政策，而且使得其民主化不是巩固的。左派政府上台会推进高税率的再分配政策，这样导致精英（富人）的不满，精英阶层会组织力量将左派政府推翻；然后精英阶层上台实施有利于富人的政策（低税率），这又引起了穷人的不满，左派又会组织力量推翻这个右派的政权，这样就导致了政治上的不稳定。

政府的职能依赖于经济发展的阶段

东亚模式中经济发展初期的成功很大程度上与威权主义的政府对经济的干预和推动有很大关系。政府之所以早期能够发挥很大作用，是因为在经济发展的早期阶段，分工程度较低、市场范围较小，市场缺失问题还比较严重，政府的政策可以用来弥补市场缺失问题，并促进市场的发育。尤其是通过互联性关系型合约制度安排，可以充分动员和组织经济中的资源，在经济还是以投资为主的阶段来促进经济发展。互联性关系型合约的基本机制是在多个维度上的长期博弈，这种情况下的有效政策会内化跨市场和跨期的外部性，弥补市场失灵。同时，这种博弈中一定会产生多重均衡，所以协调问题变得非常重要，协调问题越重要，政府（在挑选有效的均衡方面）所发挥的作用也就越大。但是随着经济的发展和市场的完备化，这种合约的互联性和关系性都会下降。这时候多重均衡不再是问题，政府的干预反而会破坏有效的均衡。

由于关系型合约不需要法庭等正式制度，所以节省了大量建章立制的成本；由于它是自我实施（self‐enforcing）的，所以还可以节省大量的交易成本，对于经济发展的早期阶段来说，这就是一种"适宜的制度"。而在市场范围扩展到一定程度，经济进入基于创新的增长阶段的时候，基于规则的正式制度安排则更有利于实现规模经济，促进内生的技术进步，这时基于规则的正式制度安排就是"适宜的制度"。这意味着政府的作用是经济发展阶段的函数，应该随着经济发展阶段而进行调整。

经济自由化的顺序安排很重要

政府的作用是经济发展阶段的函数意味着，在经济发展到一定程度时，政府应该从原来的经济干预中退出来。由于不同市场的完备化并不是同时发生，因此对内和对外的自由化和开放都需要合理地设计先后次序。

在自由化的次序方面，东亚模式与拉丁美洲国家相比具有很大的区别。东亚的这些国家和地区是在国内的市场和经济组织都发育得比较充分的时候，才逐渐对外进行自由化改革的。而拉丁美洲国家是在本土资本发展壮大之前，就被卷入资本主义的世界体系（Evans，1987）。在核心国家向外扩张的过程中，大量外资涌入拉丁美洲国家，在这些国家形成了强大的利益集团，它们掌握了经济发展的命脉。结果是，弱势的国家机构和本土资本面对着强势的外资集团，政府的自主性和国家能力都很弱（庞建国，1997）。所以，经济自由化也是在政府自主能力和国家能力变化下的理性选择。

把握好政治转型的时机

经济发展到一定阶段后，政府职能转换必然伴随着政治的民主化。东亚模式下的政治民主化是共享式经济增长水到渠成的结果，也与当时威权主义政府的领导人审时度势、顺应历史潮流的判断分不开。中国台湾地区尤其是如此。台湾 1986 年成立了民进党，当时的国民党当局的领导人蒋经国不仅承认了其合法地位，并于次年放开党禁，并制定"人民团体法"从法律上保证不同政治团体和政党的权利，并于当年进行了大选。韩国情况也基本上如此，朴正熙军政府统治的 20 世纪 60 年代和 70 年代基本上是一个威权主义政府时期，从卢泰愚总统 1987 年开始上台后，政治民主化也开始了。

适时的政治转型之所以重要，一个重要原因就是适时的政治民主化可以避免经济、政治力量与利益集团的结合，从而加剧社会不公正并阻碍经济的进一步发展。这是很容易理解的，政府早期实施的优惠对待的产业政策在促进了某些部门和产业发展的同时，也为它们创造了很多租金。如果民主化改革滞后，即等到这些既得利益集团的力量发展到足够大的时候再进行民主化，可能就会为时已晚；因为那时的民主化很容易受利益集团操纵，而且由于导致的社会不公很难出现巩固的民主化。所以，东亚的民主化往往是和经济上的自由化（打破垄断、放松管制）同时进行的。

垄断（集权）到竞争（分权）在东亚模式的早期阶段，经济通常由几个大的财团或者家族垄断，市场结构不是竞争性的。在初期的关系型合约下，这是一种有效的结构。因为关系型合约只有在少数几个固定主体的长期博弈下才可以维持，所以初期的时候不仅是垄断的，而且还不能让其他企业自由进入，否则会破坏关系型合约的可维持性。在基于投资的增长阶段，这种稳定的关系对经济发展是有好处的。但是，当经济发展到基于创新的增长阶段后，这种垄断性的市场结构会阻挠新企业的进入和技术创新，从而会阻碍经济发展。

民主与法治在经济中的作用

东亚发展初期，具有自我实施性的互联性关系型合约（无论是在政府与企业之间，还是在企业与企业之间）维持了社会经济生活的运行。而且，在市场范围比较小的早期，关系型合约是比正式的合约（如民主与法治）更节省交易费用的一种治理结构。但是，随着社会分工的深化和市场范围的扩大，关系型合约的局限性就会越来越大，超过一定的临界点就需要依赖第三方实施的正式合约。

我们可以用下面的示意图5-4来总结东亚的嵌入型体制与经济发展的互动关系。

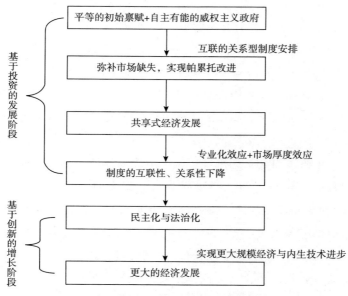

图5-4 东亚模式下经济发展与制度变迁示意图

第六章　重启改革议程：
东亚模式视角下的中国奇迹及未来

　　在过去的 30 多年里，中国经济取得了快速发展，年平均 GDP 增长率达到了 8% 以上，已经成为仅次于美国的世界第二大经济体。在二战后的世界经济发展史上，中国创造了东亚奇迹后的又一个经济发展奇迹。中国与东亚模式相比具有很多共性，例如先经济发展后政治变革；权力相对集中的政府；审慎的自由化次序等。但是两者之间也存在着很大区别，如，中国政府掌握的资源和对经济的支配力都远远超过东亚政府；东亚模式发展之初就进行了平等主义的土地改革，从而为共享式增长和政治转型打下重要的基础，而中国并没有这样的改革，经济发展过程中则出现了高度的不平等。中国的政治经济发展模式也是一种非常特殊的嵌入型体制，与东亚模式的嵌入型体制有两方面的区别：由于中国改革的历史起点是集权的计划经济，中国政府控制的经济资源，特别是要素市场（如土地、信贷等）远甚于当时东亚模式下的政府；由于中国政治经济结构下横向的同级政府（"块块"）之间围绕经济发展展开的竞争，中国的经济可以看作由多个竞争性的嵌入型经济体组成。这两个特征对于我们理解中国的政治经济特征及其将来的发展路向至关重要。下面我们将从这两个方面分析中国发展模式的收益与代价。

一　嵌入型体制与中国的经济发展

中国转型的历史起点是计划经济体制。转型之初，市场的不完全性远远高于东亚模式地区，经济发展必须依赖市场之外的方法，从而也需要不同的政治经济治理模式。从计划经济向市场经济转型的过程本质上是一个市场从无到有、从不完善到完善的过程，好的经济绩效需要有与这种市场完备化过程相适应的制度结构。在中国过去30年经济的转型中，由于市场的缺失和不完善，基于关系的社会结构和互联性制度安排作为非正式制度，起到了弥补市场缺失和正式制度缺位的作用。

中国既是一个发展中经济体，也是一个转型经济体。中国同时作为转型经济体意味着，市场的不完备程度要比一般的发展中国家经济还要严重，因此政府干预能够实现帕累托改进的空间更大。而中国独特的历史背景和转型模式保证了中国政府的国家能力和自主性。在"文革"结束后，在第二代领导人邓小平的倡导下，通过"实践是检验真理的唯一标准"的大讨论，"发展是硬道理"逐渐成为中国社会的共识，经济发展也是"文革"后执政党和政府重新获得政治合法性的重要途径。中国的转型是在政治体系没有大的变化的情况下进行的，这有利于维持政治稳定性；同时，在中国的渐进的转型模式下，中国政府始终控制着相当的经济资源和足够的政策工具。这保证了政府可以有足够的国家能力来实施立足于长远发展目标的政策。

在这样的情况下，政府可以通过互联的关系型制度安排来实施帕累托改进的政策。在转型的初期，经济发展便表现为政府与企业家（和其他社会群体）在多个市场进行互动的互联的关系型合约的实施过程。这种互联性的制度安排在市场缺失和不完美的情况下，不仅弥补了市场缺失，内化了行为主体跨"市场"和跨期的外部性，还充当了有效的合约实施手段。

虽然这种情况下的资源配置达不到完全和完美市场理想情况下的最优状态，但却是给定了市场不完全和不完美情况下的次优安排。换言之，这种次优安排是给定了现实约束下的最优。

在中国的渐进式转型下，由于政府尚掌握相当的经济资源，政府与企业家（以及其他经济主体）在信贷市场、土地市场、劳动力市场、产品市场、保险市场等多个市场进行互动。政府官员则变成了政治企业家（political entrepreneur），广泛地参与到经济活动中去。尤其是，在中央和地方财政分权的格局下，地方政府官员的政治绩效、地方财政收入都与本地经济发展水平息息相关，这也在政治上保证了地方官员有动力来促进经济增长。因此，中国的中央领导和地方官员都有足够的激励来促进经济增长。

在市场不完全的发展中经济和转型经济中，我们要重新考虑标准的产权理论。如标准的文献一般都认为私有产权是最有利于经济发展的，对于市场和其他支持性制度都比较健全的国家，这无疑是对的。对于转型国家和发展中国家的早期发展阶段，这未必是对的。我们认为，不论是产权制度还是其他经济制度，它们的一个重要作用是内化经济主体之间的外部性，并最大化社会剩余，换言之，要将"激励做对"（getting incentive right）。这意味着，不同的市场不完美（如外部性、市场缺失等）意味着不同的（广义的）产权形式和组织形式。所以，要判断某种制度是不是"适宜的制度"要放在不同的市场不完美的情况下来进行考察。

发展中经济和转型经济的一个重要特点是市场要么是缺失的，要么是不完美的。市场的缺陷意味着，适当的政府干预是可以实现帕累托改进的。除了弥补市场缺陷以外，政府提供的基础设施等公共品对经济发展也是必不可少的。这就意味着，只有政府和企业家（其他经济主体）之间实现了某种有效的"合作"，实质性的经济增长才会发生。

从中央计划经济到市场经济的转型是一个从"此岸"到"彼岸"的大转型，这种大转型是一个市场体系从无到有的过程，因此，市场的缺失和不完美必然会要求不同于成熟市场经济国家的制度安排来组织资源。这种不同的制度安排尤其体现在产权形式和企业组织形式上：不同转型路径下政府与经济主体的互动形式会内生地决定不同于标准版本的产权形式、企业组织形式和其他制度安排。

从内生的产权制度的角度来说，本章接下来将要讨论的乡镇企业就是一种非标准的企业组织形式，既非公有也非私有，在其他转型国家和发展中国家都没有出现过。我们将会详细地论证，乡镇企业的本质是在转型初期信贷市场、土地市场等市场缺失下，政府和企业家（以及其他经济主体）之间的一种互联性合约，双方在多个市场上进行互动，充分内部化了跨市场的外部性，实现了合作剩余。从内生的产权制度的角度来看"华盛顿共识"所倡导的"私有化、自由化和稳定化"，就不难发现"私有化"和"自由化"之间存在着矛盾。因为自由化的过程中，市场不可能是一夜之间就建立起来的，所以这个过程中，内生的有效的产权形式可能不是标准的私有产权，而是某种内化外部性和市场不完美的其他产权形式。而且，这种内生产权形式还会随着市场的完备性和完美性的不同而演化。换言之，有效的产权形式是市场发育程度的函数。

另外，内生的产权制度还可以从地区分权和空间的角度看。在中国的财政分权制度下，地方政府实际上拥有了土地等经济资源的"产权"，这和中央政府将经济增长与地方政府的财政收入及地方官员的政绩挂钩的制度结合起来，便提供了一种很好的促进地方经济发展的激励机制，使得地方官员有激励，也有能力（资源）来促进经济的发展。从这个意义上看，不能笼统地说中国的产权界定不清楚，从（乡、县、市、省）地方政府的角度来看，可以说分税制将产权界定得很清楚。在中国经济转型的前期，这也许是一种比较有效的制度安排。

如果我们将这一点与其他的转型经济和发展中国家做一个比较会看得更清楚。俄罗斯在经济转型后，由于没有一个强有力的中央政府来约束地方政府，俄罗斯的地方政府纷纷向企业征税或者索取其他费用，而且由于各地方政府之间的"税收产权"没有界定得很清楚，出现了政府对企业的重复交叉征税，使得经济发展出现了"公地悲剧"：地方政府对经济（"公地"）的过分征税（类似"过度放牧"）扼杀了经济发展（Berkowitz and Li，2000）。

而在私有产权方面，俄罗斯在转型初期的私有化改革又将产权过分细化，不同的经济主体对同一个物品都有一定的否决权限（veto power），结果是谁都不能充分利用该资源，使得资源出现了低效率的利用，在这方面俄罗斯又出现了"反公地悲剧"。例如法学家海勒观察到，在俄罗斯经济转型后，由于产权划分过细，很多经济主体都具有排他权，以至于莫斯科街头上的商店反而空着（Heller，1998）。

印度则在另一个意义上出现了"反公地悲剧"的情况。在印度，由于土地之类的资源等都是私人所有的，政府手中实际上没有多少经济资源，以至于印度政府即使想促进经济发展，也很难有所作为，尤其是很难建设成好的基础设施，这对经济的发展形成制约。拉丁美洲也是出现了类似情况，由于产权的细化和较高的交易费用，基础设施也限制了经济发展（Economist，2006）。

以上政治体系内部的"公地悲剧"和私有产权方面的"反公地悲剧"的例子都说明，有效的政治治理模式和产权形式是经济发展阶段的函数。从这个视角来看，互联性的制度安排可以看作克服"公地悲剧"和"反公地悲剧"的一项制度安排。在政治体系内部，自主有能的政府可以与企业家（以及其他社会群体）通过互联性的长期制度安排在市场缺失的时候实现最大化联合剩余，从而克服政治体系内部的"公地悲剧"；利益相关者通过互联性的制度安排，来组织各种互补性的资源实现产权的有效安排，则克服了"反公地悲剧"带来的资源的不充分利用。不同国家经济发展的治理结构与其特定的历史传统和社会基础密切相关。

中国嵌入型体制的历史基础

中国的关系型社会有着深厚的历史基础，关系型交易是行为主体对特定经济结构和政治结构的理性反应。从经济结构角度讲，中国在历史上长期是一个流动性较低的定居型农业国家，社会分工程度相对比较低。流动性低使得居住在同一社区的人们之间可以形成长期的关系，社会分工程度低则使人们之间的关系型交易跨越了很多"市场"。

例如，发展中国家地主和佃农的关系就是这样，由于专业性市场的缺乏，两者之间的交易往往同时跨越了几个（局部化和人格化的）"市场"：地主和佃农不仅在产品市场上发生交易（如地主会购买佃农的粮食），他们还会在劳动力市场（地主雇佣佃农）、信贷市场（如地主提供借贷给佃农）和保险市场（如分成租佃制）上同时发生互动。而在社会分工程度高的经济中，人们在不同的专业化市场上会与不同的主体进行交易。再如，在今天分工程度仍比较低的农村地区，由于很多商品和服务都没有专业化的市场，村民之间的很多交易并没有采取货币交易的形式，而是采取了"帮忙"（互助）的形式：这次你"帮"我造房子（由于没有专业化的建筑劳力市场），下次我"帮"你收割庄稼（由于没有专业性的收割劳力市场），等等。

这种关系型交易有两个维度，一个维度是纵向——时间上的关系性；另一个维度是横向——空间上的互联性：对于交往双方来说，多种交易是"捆绑"在一起的，很难做到在不同的事情上分别计算得失。在单一的市场上无利可图的交易在互联的情况下变得可行，所以，互联性扩大了可行的交易集合（王永钦，2006）。在社会分工比较落后的社会中，这种关系型交易的交易费用比较低，可以弥补市场机制的缺失。这种合约形式在中国是有深厚的历史传统的，中国的关系型社会起码有如下两个基础。

集权的、科层的政治结构

从政治组织的角度来看，中国社会长期以来是建立在集权的科层之上的。自秦实施郡县制以来，中国的政治结构一直是中央集权的、自上而下的科层组织。这种科层组织有两个重要特征：属地的分层管理和职业官僚行政。属地的分层管理即把全国划分成若干层级的行政区由职业官僚去管理（有别于裂土封国）；职业官僚行政指最高权力所有者通过委派经特定程序选择的人士（大多数情况下非皇族成员）执行政令。这一安排的后果之一，是出现了全面的中央集权，其次是在职业官僚内也创造出一个分层的权力格局。本来水平的关系型交易变得垂直化了：以某一个人为核心，其下会串联和并联着一个巨大的社会网络。而且，政治中的关系会跨越到经济领域和社会领域进行资源配置，关系型交易的范围是非常广泛的。

这种集权的、科层的政治结构一直延续到当代。1949 年中华人民共和国建立后，在组织原则上采用民主集中制，属地的分层管理（条块兼顾，以块为主）和职业官员制仍得以继续。同时，由于新中国在经济制度上采取的是一种以数量配给为特征的计划经济体制，商品和服务的短缺（供不应求）是一种社会常态。在价格机制不起作用的情况下，关系在资源配置中的作用实际上得到了强化。

较低的人口空间流动性

中国社会长期以来缺乏空间上的流动性也强化了关系型的社会结构。自秦以来，除了战争和社会大变动时期，中国的人口流动性是很低的。历史上的流动性低与农业社会的经济结构和政治上采取属地的行政管理等有密切关系。新中国建立以来，尤其是 1958 年以来，中国政府在城市和乡村采取的户籍制度对人口的流动进行了严格限制，进一步强化了关系型社会的基础，具体又可以表现在以下两个方面。

农村地区的居住地限制。中国为实施重工业化的赶超战略，选择了优先发展城市的政策，需要从农村汲取必要的资源。为减少对城市部门的生产造成的冲击，并服务于汲取农业资源的需要，一方面中国在 1958 年颁布《中华人民共和国户口登记条例》实施户口制度，以法律形式规定所有居民都必须进行户口登记，限制农民进城；另一方面在农业社会主义改造完成之后推行集体化的人民公社。由于以居住地为标的进行户籍登记，不仅农村居民不能向城市移民，农村之间的移民也存在严格限制。这一情况一直维持到 20 世纪 80 年代才有所缓解，主要表现为随着乡镇企业的兴起，农村居民可以向中小城镇移民。

城市部门的单位化。与计划经济相配套，在城市部门普遍建立了单位制。单位制是依据革命时期根据地的建设经验，在建立全国性政权后构建国家与社会关系的一种尝试。由于从根本上铲除了旧政府遗留的治理机构，新中国亟待在城市内实现组织化和恢复生产，单位制恰好发挥了这样一个整合社会与发展生产的作用。由于城市的首要目标是生产，相应地，单位的首要属性是生产性组织，但它又必须同时提供生产者所必需的一切用于劳动力再生产的产品和服务，如住房、医疗、培训、子女教育，甚至需要解决职工配偶的工作问题。单位既是一个经济组织，同时也是一个政治和社会组织。在单位这种城市的基本组织下，单位内部的人与人之间、人与单位、单位与政府的交往（交易）是长期的，从而具有关系性；同时也要相互之间在多个"市场"内进行交往（交易），从而也具有互联性。

关系型社会在经济转型和发展过程中的作用

上面我们简要阐述了中国关系型社会的特征和深厚的历史基础，这些历史基础对中国 1978 年后经济的转型和发展起到了非常重要的作用。在从计划经济到市场经济转型的初期，市场要么是缺失的，要么是不完美的，关系型交易可以充当有效的替代。中国的渐进式改革保留了原有的政治结构和社会结构，为经济转型和发展提供了必要的政治和社会基础，使得经济转型可以顺利展开。

在社区（乡镇、街道、村组）层次上形成的纽带

在市场缺失和不完美时，家庭通过自身的理性反应来解决问题的能力毕竟是有限的。家庭也许可以解决个别成员的风险问题，但当整个家庭面临着某种风险和冲击时，单个家庭的局限性就显示出

来了。另外，家庭难以解决较大规模的资金需求问题，难以独立解决剩余劳动力的转移问题等，这时社区内的交往就变得尤其重要了。由于中国在转型之初在农村存在以居住地为依据的户籍制度，在城市存在单位制度，家庭就在地缘的基础上把交往（交易）的范围延伸至社区，如村落、乡镇或者小区、居委会等，这种延伸便利了家庭及其个体在更广阔的范围内配置资源，以更大规模地开展生产、消费和社会交往（交易）活动。下面两表是以山东邹平为例的一组基于村内和村外两层互助保险的数据，可用以说明在社区层次的合作可以改进福利。

表6-1中描述的是这种社区成员之间相互保险的潜力。这里所说的保险是一个广义的概念，如果通过人与人的互助和借贷，使消费水平可以不受（或少受）负面冲击的影响，也是一种保险。可以看出，对于自给自足的纯粹的家庭内部保险而言，消费将有高达29.5的变异系数（变异系数越大，说明消费的波动越大，风险被分担的程度越低）。如果能够在村一级社区内达成相互保险安排，则可以减少消费水平的变异系数约15.5个点；而如果可以在县这样一个更大的社区内达成相互保险，则上述消费变异系数则会减到5.4的水平。表6-2严格区分了村内和村外两层相互保险的安排，实际给出了村以及跨村一级社区相互保险的规模。表5-2是以货币单位计量的数据，该表表明约有占样本23.6%的家庭获得了村一级社区内的转移支付，平均每个家庭获得150.3元；同时，约有占样本9.8%的家庭获得了村外的转移支付，平均每个家庭获得307.5元。

表6-1　以山东邹平县为例的不同风险分担形式的作用

家庭类型	消费水平的变异系数
自给自足（收入＝消费）	29.5
有村一级的风险分担	14.0
有县一级的风险分担	5.4

资料来源：Morduch 和 Sicular（2001）。

表 6 − 2　以山东邹平县为例的村内、村外转移支付规模比较

单位：元

	获村内转移支付家庭	获村外转移支付家庭	所有家庭
占观测样本比例	23.6%	9.8%	100%
村内转移支付平均规模	150.3	79	35.5
村外转移支付平均规模	66.4	307.5	30.1
家庭平均收入	1499.2	1352.8	1277

资料来源：同表 6 − 1。

　　考察表 6 − 2 中转移支付的具体形式很具有启发意义。Morduch 等（2001）的研究中，村民间的转移支付除了纯粹的货币转移之外，还包含肉类、粮食等实物转移，不包括劳动力（劳务）的转移。实际上，Morduch 等的研究还表明，劳动力（劳务）转移也是一种极其重要的互助形式，约有 19.2% 的受调查家庭报告了劳动力（劳务）转移这种形式。但无论村民间的转移支付是通过何种形式实现的，这些都不是通过显性的市场机制来实现的，也不是由政府来推动的，而是居民自发把生产、消费以及社会交往（交易）向社区层面的一种扩展。由于缺乏市场力量的约束以及政府力量的强制，这种社区层面的多方面的互动是依赖长期的关系来维持的。

　　除了非正规的保险机制以外，由于在 20 世纪 80 年代和 90 年代私人和私营企业很难从银行部门得到融资，基于关系的非正规金融就发挥了重要的替代作用。非正规金融是在亲戚、朋友或者熟人之间的一种借贷形式。表 6 − 3 是 Tsai（2004）在她调查的中国南方和北方的样本城市里非正规金融的一些情况。从表 6 − 3 中可以看出，相当一部分人（在北方还超过了一半）都有过从非正规金融渠道借款的经历，大部分人对贷款的情况也是比较满意的。在这段时间内，非正规金融占私人部门信贷总量的比例达到了 3/4。可见，非正规金融在私营经济的发展中起到了重要作用。

表 6 - 3　中国的非正式金融

地区	有借款经历的人比例	平均借款额（元）	平均期限（月）	平均利率（月）	满意的人比例
北方	59.0	18863	10.5	0.32%	74.5
南方	43.6	43003	6.1	1.14%	83.8

资料来源：Tsai（2004），第 57 页。

正是因为企业发展可以借助于以家庭为核心的纽带来解决企业发展过程中的融资、劳动力雇用等问题，使得中国的私人和私营企业发展往往从家族企业开始。中国存在规模庞大的家族企业，而本质上家族企业是在市场制度缺失或不完美的前提下，转而以家庭为纽带的一种企业组织形式。实际上，家庭企业的发展过程中利用家庭（家族）网络组织的资源已经远远突破了家庭（家族）的范围。

家庭、社区与（基层）政府之间的社会交往

前文提到以家庭为核心的生产、消费和社会交往（交易）是自组织的，在社区层次形成的互动也是自组织的。实际上，在中国的经济转型过程中，除了这些自发的关系型交易之外，家庭、社区、政府之间也存在着互动，而且这种互动未必是基于显性的规则或法律，乡镇企业是这种互动的一个典型表现。

中国转型初期，资本市场和土地市场等要素市场缺失或者高度不完善，乡镇企业是对这种情况下企业家和农村地方政府之间的一种跨越多个市场的"互联的合约安排"（王永钦和李明，2008）。一方面，在要素市场不完善的情况下，企业家需要与拥有这些要素资源的地方政府建立良好的合作关系，与地方政府建立良好的关系还可以换取地方政府对企业的产权保护；另一方面，地方政府也需要发展地方经济，以满足财政和税收的要求，并解决就业问题。

由于金融市场的缺失，乡镇企业在创办和经营过程中对资本的需求很难通过国有银行的融资来完成，此时家庭、社区以及政府在一定范围内形成的关系就是必要的。在乡镇企业创办投资中，原社队集体积累约占总需求的 28.17%；由乡镇、村以一定财产担保而获得的银行贷款约占总需求的17%；由干部出面担保获取贷款约占总需求的11%；由政府机关担保获得贷款约占总需求的20.5%。除此之外，"七五"期间国家私营企业研究课题组的调查还表明，私营企业（主体为乡镇企业）还约有15%的资金来源于亲友的借款，以及1.9%的工人自己出资（陈剑波，1995）。同样，由于土地的集体所有制和土地市场的不健全，企业家在土地使用上也需要与地方政府合作，地方政府在使用土地方面向企业家提供便利。

乡镇企业则帮助地方政府解决就业等问题。乡镇企业在创办和经营过程中的劳动力需求基本上是通过相互协作在内部解决的。家庭联产承包责任制推广以后农村出现了大量剩余劳动力，因城乡劳动力流动受限，地方政府面临着解决就业的压力，这成为乡镇企业创办的重要推动力之一。事实上，乡镇企业约有40.5%的工人是由基层干部安排参与工作的，此外，还约有75%的乡镇企业的厂长（经理）由乡镇、村党委任命（陈剑波，1995）。

由于乡镇企业是企业家和地方政府的一种"互联性制度安排"，当然，乡镇的企业在控制权和收益权的配置上也就不同于标准意义上的企业，它的控制权和收益权是在企业和政府之间分割的。拿乡镇企业的经营权来说，在乡镇企业约13项重要经营权中，完全由"区乡政府决策"的占企业经营决策权的33%，另有33%由"政府和企业共同决策"，只有剩余的34%由"企业独立决策"（陈剑波，1995）。在收益分配上，政府所获取的份额远高于税费能够征收的，不过其中的一部分又通过政府提供公共品和服务的形式返还给社区；另外，乡镇企业本身还往往直接承担相应的社会责任，如为义务教育、公共卫生提供支持；而剩余的部分则往往会在劳动者中平均分配。

除了乡镇企业这种一开始就是企业家、社区和地方政府的合作关系的组织形式之外，在沿海的很多地方还出现了私营企业"戴红帽子"的现象，即私营企业通过各种方法（如挂靠某个政府机构或者国有企业等）在形式上变成集体或者国有企业，这样可以获得私营企业得不到的资源（如金融资源、出口权），还可以得到政府的产权保护；地方政府及其相关的机构也可以收到一笔管理费，而且还可以向这些戴上"红帽子"的企业分流一部分国企员工，解决地方政府面临的就业问题。

这样的企业在 20 世纪 90 年代初期为数不少。根据中国社会科学院民营经济研究中心、零点市场调查与分析公司和全国工商联信息中心的联合问卷调查，1993 年时被调查的私营企业主认为"红帽子"企业占集体企业的比例为 50% ~ 80%，1994 年对 360 户私人企业调查时，有 50% 的私营企业主认为，上述比例大致在 30% ~ 50%。1994 年国家工商局抽样调查显示，乡镇企业中有 83% 实际上是私营企业。同年浙江省东阳市有关部门统计，属于假集体的私营企业占集体企业的比例在 70% 以上。如同乡镇企业，"红帽子"现象也是中国转型时期要素市场不完善、对私人产权保护不力时期的过渡性制度安排。到了 20 世纪 90 年代后期，要素市场得到了很大程度的发育，宪法和其他法规中对私人产权的保护更加明确之后，乡镇企业就开始了向私人企业的转制，戴"红帽子"现象也基本上消失了。

要素市场的缺失与体制性嵌入性

在 20 世纪 90 年代的改革中，商品的市场化取得了巨大的进展，生产要素（特别是劳动力）也取得了一定的进展。但是，在过去的 10 年中，中国的政府尤其是地方政府在经济发展中的作用得到了强化。尤其是 2000 年以来，地方政府纷纷学会了"经营城市"，将城市化当作一种金融运作；地方政府是城市化的主导者，中国的经济发展也从工业化驱动变为城市化驱动。特别是，随着 20 世纪 90 年代末城市部门的住房商品化改革，土地和住房成为可以交易的资产，地方政府纷纷开始通过资本化运作方式来"经营城市"：往往根据未来经济发展带来的房地产价值的贴现值，将用于房地产的土地拍卖给开发商（尤其是从 2003 年城市的招拍挂开始）；而将拍卖的收入用于当期的基础设施建设等。这样，与此前地方政府专注于工业化不同的是，地方政府是城市化的重要参与者，事实上成为城市化过程中的"地主"。但与其他经济体的一个地区有众多竞争性"地主"的情形不同，中国的地方政府在地区层面是一个垄断的"大地主"，这样他们就有充分的动力来发展地方经济，来提高管辖地的土地租值。的确，在过去10多年的时间里，中国的城市化取得了快速发展，目前的城市化率已经达到51%。

1994年中期，中国政府对国有企业采取了"抓大放小"的改革思路，即对上游型的能源、电信、原材料、银行、交通等领域政府实现绝对控制，而对其他竞争性行业的国有企业进行民营化。"抓大放小"改革以后，民营企业在竞争性的领域突飞猛进的同时，上游型国有企业在整个纵向结构也取得了越来越强的控制力。中国政府已经培育了一些巨型企业，如中石油、中石化、中国电力、"工农中建"四大银行等。目前，在中国的500强企业里，国有企业占总营业收入的82.82%，占总资产的90.40%。这些巨型国企大都属于中央政府（"央企"），具体隶属于国资委管理（Du and Wang，2012）。

这些国有企业由于垄断着上游部门，可以攫取大量经济发展的"租金"，攫取了不成比例的利润，但是却没有上缴作为国有企业应该上缴的利润份额。2011年，只有7.4%的国有企业上缴过利润；利润大都用于国企员工的高薪报酬和各种福利。国企部分已经成为一个巨大的既得利益集团。这个利益群体不仅在相关产业享受着行政垄断带来的特权和租金，而且还利用自己的资源来巩固这种垄断地位，阻碍民营企业的进入。特别在过去10年中，"国进民退"在中国有愈演愈烈之势，这使得中国的经济没有随着市场化而脱嵌，而且嵌入性反而越来越高。

二　竞争性的嵌入型体制：中国特色的"联邦主义"

与东亚模式的嵌入型体制非常不同的是，中国的嵌入型体制是由多个竞争性的地区性嵌入型经济体组成的。这是由中国的历史所决定的。

中国是一个在疆域和人口双重意义上的"大国"，这意味着中央政府对地方政府的监督面临着极高的成本，因此，经济分权是中国治理必须采取的模式（毛泽东，1956），这种分权式的"块块"体制实际上可以追溯到秦朝的郡县制。

对于分权式改革的收益，国际经济学界形成了很多共识。已有的文献认为，经济结构（如分权程度和整个经济体的组织结构）的差异造成了中国和俄罗斯经济改革绩效的巨大差异。分权式的改革不仅强化了中央政府对国有企业的预算约束，而且还促进了地区之间的竞争（Qian and Roland，1998）。中国的 M 型经济结构（资源按照"块块"来配置）使得经济可以在局部进行制度实验，地区之间的标尺竞争为中央政府提供了反映地方政府绩效的有效信息，并且使得经济体更容易抵抗宏观冲击；相反，俄罗斯的 U 型经济结构（资源按照"条条"来配置），则不具备这样的经济结构收益。

与俄罗斯等转型经济体相比，中国的分权是在大的政治架构不变、中央和地方政府不断调整其财政关系的过程中实现的。从 20 世纪 70 年代的放权让利到 80 年代的财政包干体制，再到 90 年代的分税制改革，如何合理划分中央和地方的利益关系、调动地方政府的积极性，不仅始终是中国财政体制改革的要点，也是整个经济和政治体制改革的突破口。传统的财政分权理论认为，地方政府具有信息优势，居民根据地方政府提供的公共品质量来选择居住地可以形成用脚投票机制，促使地方政府来提供优质的公共品（Tiebout，1956）。由中央向地方转移财政收入和支出权力将更有利于提高经济效益，加快地方经济发展，进而推动全国经济增长。具体到中国，以钱颖一等（Qian and Weingast，1997）为代表的一批经济学家从软预算约束的视角出发，认为分权化制度安排可以向地方政府提供市场化激励，保持和促进市场化进程，即所谓的维持市场化的联邦主义（market - preserving federalism）。

在实证研究中，Jin，Qian 和 Weingast（2005）基于 1982 ～ 1992 年省级面板数据的实证研究进一步验证了分税制改革之前中国省级政府的财政激励促进了市场发展。对于 1992 年之前中国财政分权与经济增长的关系，Lin 和 Liu（2000）与 Zhang 和 Zou（1998）的检验得到了相反的结论，而张晏和龚六堂（2005）对 1986 ～ 2002 年扩展样本的研究发现分税制改革之后我国财政分权对经济增长的影响显著为正，同时财政分权效应还存在跨时差异和地区差异。

地方分权还不足以构成地方政府发展经济的全部激励，这导致中国地方政府官员的激励与其他转型经济和发展中经济非常不同。例如，俄罗斯的中央政府对地方政府的控制力较弱，地方政府不存在主动推动经济发展的动力，而且腐败丛生。而中国的经济分权伴随着政治集权，晋升激励使得地方政府官员有非常强的（政治）动力促进地方经济快速发展（周黎安，2004；Blanchard and Shleifer，2001）。经济分权和政治集权对地方政府最重要的影响渠道是政府之间的标尺竞争。文献通常所说的标尺竞争对应于对下负责的政治体制，也就是说，对于地方政府行为的信息，普通民众和中央政府都处于信息弱势，但选民会参考其他地方政府的行为评价自己所在地区的政府行为，地方官员知道其选民会以其他地方为标尺，从而会效仿其他地方的相关政策来发展本地经济（Besley and Case，1995；Baicker，2005）。同级政府之间的相互监督和学习能够提高政府部门的运作效率，节约行政管理成本，防止滥用权力（Martinez – Vazquez and McNab，2003）。在我国的政治体制下，地方政府主要不是对下负责，而是对上负责，在政治集权和政绩考核机制下，地方政府每年不仅要保证 GDP 的高增长（否则在政绩考核中被一票否决），还要根据 GDP 等指标排名，地方政府官员为了政绩有竞争 GDP 增长率的激励，从而形成了一种基于上级政府评价的"自上而下的标尺竞争"（张晏，2005）。这种为增长而竞争的激励成为中国政府推动经济增长的动力源泉，它是有助于转型初期的经济增长和资源配置的。

从区域的角度看，每个地区经济都是一个嵌入型的经济，政府掌握了土地、资本等生产要素，高度介入城市化和经济发展的过程。从这个角度，我们可以将中国经济看成多个竞争性的东亚模式经济体组成的经济。应该说，由于地方之间的竞争和地方政府拥有的社会经济资源，中国式的嵌入型体制中经济发展的激励，要比东亚模式还要强。应该有很多的文献研究了中国式分权对经济转型和增长的巨大正面作用（Xu，2012）。

三　中国地区竞争性嵌入型体制的代价：一个理论分析

现有的文献（例如钱颖一等人的财政联邦主义理论）可以较好地解释中国分权式改革迄今为止取得的成就，但是这个理论更多地强调了中国分权式改革的长处，却没有分析分权式改革的代价。一个完整的分权理论应该既能够分析分权式改革的收益，也能够分析分权式改革的代价。否则，我们就无法回答如下问题：中国分权式改革的渐进转型的潜力还有多大？我们应该如何在发挥分权式改革的长处的同时避免它所产生的负面效果？这一节将从组织理论的角度提出一个分析分权式改革的代价的框架。

与俄罗斯相比，中国经济转型的一个很大的不同在于，从中央政府的角度来看，中国的分权式改革在很大程度上是将整个经济当作一个大的政治组织来看，中央政府在这个大的组织内部通过"分权"模拟出一个类似企业组织的激励机制。给定地方各级政府尚控制着大量经济、政治和社会资源的事实，在现有的政治架构下对地方官员提供适当的激励，让他们直接分享发展地方经济的收益，将有利于他们追求经济的增长。问题的关键在于，政治和行政体制内部的激励机制是否可以通过模拟企业内部的激励机制而被有效地复制出来？要回答这个问题，我们就必须找到政府部门的激励与私有部门的激励之间的实质性区别，说明政府部门在利用财政分权模拟企业的激励的时候会遇到哪些难题。

从契约理论的角度来看，政治组织中的激励与经济组织中的激励相比有很大不同。第一，政治组织委托人的偏好往往是异质的，而企业组织中股东的偏好基本上是一致的，即收益最大化。在政治组织中，每个利益集团都有它自己的偏好和利益，因而，无论对于任务本身，还是对于委托人，都很难界定一个指标对绩效进行衡量。第二，与委托人偏好的异质性有关的是，政治组织一般是多任务的（multi‐tasking），这也与主要追求利润最大化的企业不同。除了效率和经济增长之外，政治组织还需要追求社会公正、收入平等、环境保护、公共服务质量等目标。所以，从理论上来说，由于政治组织的这种多任务性，在政治组织中很难通过基于单一维度（任务）的类似企业中计件工资式的强激励来追求各种目标，而且基于增长目标的考核很容易损害其他的社会目标。所以，我们观察到政治组织中工作人员的工资一般都是弱激励的固定工资制。第三，委托人的异质性再加上外部条件的差异，又引起了第三个政治组织和企业组织的差异。与企业绩效易于找到同类企业作参照不同，政治组织的绩效难以找到一个可以参照的标准。中国政府不可能与美国政府进行比较，因为两国在很多方面都很不相同。中国的地方政府之间虽然可以进行一些比较，但地方之间的巨大差异也使得地方政府间的相互参照非常有限。换言之，政治组织是一个垄断组织，因而很难找出一个具有充分信息量的指标对其进行比较。

以上三个特征无非是说，很难有一个外部的充分统计量指标可以对官员进行客观的评估。这就决定了政治组织与经济组织的第四个区别，即在激励机制的设计方面，它更多地会采用相对绩效评估，而非绝对绩效评估。在现实世界中，政治组织中常用的一种基于相对绩效评估的激励手段就是职务晋升。中国的分权式改革过程中的一个重要机制是，上级政府通过考察下一级政府辖区的经济发展（尤其是 GDP）的相对绩效来晋升地方官员，而且这个机制在实证研究中已经被证明的确是在被中国政府使用着（Li and Zhou，2005）。在缺乏充分统计量的政绩考核体系下，相对的 GDP 增长可能是一种次优的考核地方官员政绩的具有信息量的指标。但是，这种财政分权加相对绩效评估的体制正在日益显现它的弊端。第一个弊端是，相对绩效的评估会造成代理人之间相互拆台的恶性竞争。确实，我们也观察到各地政府为了在 GDP 竞赛中名列前茅而采用了各种各样的以邻为壑的手段。其中，最典型的就是形形色色的地方保护主义，地方保护主义造成的地区分割和"诸侯经济"会阻碍中国国内市场整合的过程。在资源配置方面的深远影响是，这种市场分割会限制产品、服务（甚至还有思想）的市场范围，市场范围的限制又会进一步制约分工和专业化水平，从而不利于长远的技术进步和制度变迁，这最终会损害到中国长期的经济发展和国际竞争力。

过于依赖 GDP 作为相对绩效的考评指标，就给城市倾向的经济政策提供了另一个理由。因为城市的第二、三产业是经济增长的主要源泉，于是，地方政府对于农村地区的经济发展就大大忽视了，一个直接的表现就是地方政府用于支持农业生产的财政支出比重在相当长的一段时间里急剧下降（陆铭、陈钊，2004）。同样是为了追求经济增长的目标，在各地的经济增长都依赖于招商引资的情况下，一旦发生资本拥有者和普通劳动者之间的利益冲突，地方政府就会优先考虑资本拥有者的利益，而普通劳动者的利益则很容易被忽略。

相对绩效评估发挥作用的一个重要前提是，代理人面临的冲击或者风险是共同的，这样仅仅通过代理人之间业绩的相对排名就可以比较准确地反映出他们的绩效。但是在中国这样的大国，各个地区之间在自然、地理、历史、社会等很多方面可以说千差万别，由于这种异质性的存在，相对绩效是一个噪声很多的指标，基于相对绩效评估的激励方案的效果就会大打折扣，这可以看作相对绩效激励的第二个弊端。

第三个弊端实际上是第二个弊端的一种形式，鉴于问题的重要性，我们将其拿出来独立论述。由于各地区之间先天的（自然、地理、历史、社会等）差异性，或者由于改革后享受政策的差异性，会出现由收益递增效应导致的经济增长差异，即使没有其他外力，穷的地区也可能相对地越来越穷，而富的地方则相对地越来越富（陆铭、陈钊、严冀，2004），这样就加大了相对绩效评估标准中的噪声，中央政府很难区分地方的经济增长绩效是由收益递增机制造成的，还是地方政府努力的结果。

相对绩效评估的第四个弊端来自于如下事实：在基于相对绩效评估的锦标赛下，赢家的数量是有限的，而大部分则是输家。更为重要的是，由于比较富裕的地区更多地享受着先天的优势和收益递增机制的好处，这就使得经济较落后地区的地方官员不能在相对绩效评估的机制下获得激励，通俗地说就是，努力了也未必有用，所以相对绩效评估对落后地区的官员基本上是没有作用的。但是官员也是理性人，在晋升可能性比较小的前提下，他们会寻求替代的办法进行补偿，如贪污腐败，或者"破罐子破摔"。这样一来，从整个经济的角度来看，就会加剧落后地区越来越落后、发达地区越来越发达的两极分化现象。

对地方政府官员进行激励还有一些其他与相对绩效评估无关的难题。一方面，与企业的经理相比，地方政府官员的绩效更加取决于一个团队的努力，而不是自己的努力，一个政府目标（如扩大就业）的实现取决于多个政府部门作为一个"团队"的共同努力，因此，在地方政府的"团队生产"中，不同的地方官员之间就可能存在严重的搭便车现象。另一方面，在企业经理的激励计划中，可以比较容易地找到激励经理追求企业长期目标的手段，比如说给予经理股份或者股票期权，但是，对于地方政府的官员却很难进行类似的长期激励，从而使得地方政府的长期目标被忽视，而这又集中体现为地方政府对于环境、收入差距、教育和医疗服务质量这些问题的忽视。

总之，中国地区竞争性的嵌入型体制比较适合单任务的锦标赛竞争，但不适合多任务的经济发展。下面我们更详细地分析这种体制带来的经济和社会代价。

四　中国竞争性嵌入型体制的代价

中国的嵌入型体制在促进经济发展的同时，也加剧了中国经济微观失衡和宏观失衡。

中国经济的微观失衡

这种模式的直接结果和集中体现就是城乡间、地区间和人际的收入差距持续扩大，在财政分权体制和公共服务领域的市场化改革之下，收入差距又转化成了公共服务在城乡间、地区间和人际的不均等。而社会关系网络与公共权力的结合，以及政治和社会资源在人际的不均等又加剧了收入和公共服务的不均等。在地区之间，面对日益扩大的地区间差距，在分权体制和强政府干预的模式下，地方政府产生了强烈的地方保护主义倾向，对地区间的市场采取了分割政策，对一些重要产业进行了重复建设，而这又形成了 20 世纪90 年代之后的产能过剩的基本背景。在产能过剩出现的情况下，各地政府又倾向于保护本地企业，国内市场零碎分割，有损统一大市场的建立。

收入差距持续扩大

中国改革开放以来的转型与发展所付出的一个最为直接的代价就是收入差距的持续扩大（李实、佐藤宏，2004）。如果从收入差距的构成来看，城乡和地区间的收入差距对形成全国总体收入差距是最为重要的；从总的趋势上来看，城乡和地区间收入差距一直居高不下，并且仍然处在上升的趋势中。同时，地区间的收入差距又与不同地区的城市化进程差异有非常大的关系，城市化水平低的地区农村人口更多，相对来说收入也更低，城乡收入差距对地区间收入差距的贡献高达 70% ~80%。

城乡差距的扩大与这种体制有非常大的关系。在这种体制下，地方政府有充分发展经济的激励，而且中央政府对地方政府官员的考核也是基于经济增长和招商引资，因此，地方政府采取了城市倾向的经济政策，其突出的表现就是地方财政支出中用于农村生产的比重出现了非常明显的下降（Lu and Chen, 2006）。

地区间收入差距的扩大也与这种体制有一定联系。在这种体制下，地方政府之间进行着发展经济的竞争。在地区间竞争中，东部地区因为有着历史、地理和政策等方面的优越条件而获得了相对更好的经济发展绩效，而且这种优势具有自增强的效应，相对发达的地区一旦领先就很难被落后地区追赶。地区之间在竞争中形成的差距突出地表现在对外开放进程方面。由于中国总体上来说是一个资本相对不足，而劳动力相对过剩的国家，各个地区在发展经济的过程中首先需要解决的就是资本相对不足的问题，于是争取外资就成了各地发展经济的首要手段。同时，中国经济的转型也在由赶超型发展战略向比较优势型发展战略转变，这个转变的关键就是实行出口导向的经济政策，因此，积极促进国际贸易的发展也成为各地区发展外向型经济的一个重要方面。在这场地区间吸引外资和发展外向型经济的竞争中，东部地区，特别是长江三角洲、珠江三角洲和环渤海湾三大地带在历史上就处于中国经济发展和对外开放的前沿，在地理上相对地靠近大的港口和国际市场，在政策上又在改革开放的早期获得了设立经济特区和沿海沿江开放城市等优惠政策，因此获得了更多的外资和国际贸易份额，在经济发展方面获得了更好的绩效。各地区经济开放进程的差异所导致的地区间收入差距还与工业集聚有关。东部沿海地区获得了更快的工业发展速度，在全国总的工业产出中所占有的份额也越来越高（金煜、陈钊、陆铭，2006；陆铭、陈钊，2006）。

地区间的竞争还体现在不同的地区所获得的中央财政转移方面。由于经济相对发达地区拥有更强的谈判能力，也或许是因为中央政府更多地关注了经济增长目标而不是均等化目标，于是，经济相对发达地区反而获得了更多的对应性中央财政转移支付。同时，由于税收返还要照顾到 1993 年各地的基数，这样，地区转移支付不仅没有起到地区收入均等化的目标，反而加大了地区间的收入差距（Raiser，1998；马拴友、于红霞，2003）。

　　在城乡和地区间收入差距持续扩大的同时，人与人之间的收入差距也在扩大。首先，这表现为不同要素所有者之间的收入差距拉大了。不同要素所有者之间的收入差距与不同要素市场的流动性不同有关。以两个区域 A、B 为例，如果 A 地资本回报高，而资本具有较好的流动性，那么 B 地的资本就会首先撤离该地区，而转移到A 地区。这样一来，B 地区其他要素（劳动、土地）的边际产出和回报就会下降。可见，不同要素具有的不同的流动性，在加剧了地区差距的同时，也加剧了不同要素所有者之间的收入差距。不同要素的流动性不同既与要素的市场结构和要素本身的特性有关系，也与政策倾向和管制有关系。在财政分权体制下，中国的地方政府在资本相对稀缺的条件下，也必然对资本拥有者的利益多加保护，以争取更多的投资，而相比之下，劳动权益的保护则被忽视了。在这样的增长方式之下，资本拥有者和普通劳动者的收入差距也在一定程度上被拉大了。从图 6-1 中，我们可以看到，截至 2006 年，中国的劳动收入占比已从 1995 年的峰值跌至不到 40% 的水平。在后文中，我们还将指出，劳动收入占比的下降是一个全球性趋势，与技术进步和资本流动性增强有关。

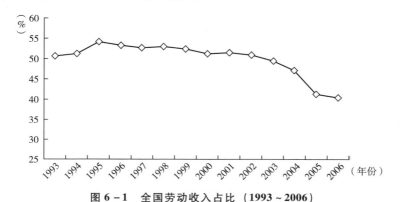

图 6-1　全国劳动收入占比（1993~2006）

数据来源：历年《中国统计年鉴》，中国统计出版社。

相同要素所有者之间收入差距的拉大在空间意义上与地区和城乡之间的发展差距有关系，在社会维度上则与每个人所拥有的社会和政治资源不同有关系。正如我们曾经分析过的那样，在市场化的过程中，原来隐性的社会和政治资源被"市场化"和"资本化"了。社会关系在改进了"圈内人"福利的同时也拉大了"圈内人"和"圈外人"之间的收入差距。更严重的是，如果社会关系和政治、经济权势相结合，则会使得拥有社会关系的人拥有更多的政治、经济资源和机会，更加放大了"圈内人"和"圈外人"之间的收入差距，不利于保持较高的收入流动性，使收入差距更加带有"不公平"的性质。

公共服务提供：公平缺失且有损效率

中国医疗、教育和社会保障除了在城乡之间差别很大之外，在中国的竞争性嵌入型体制下，还存在着被地方化的问题。公共服务的地方化本身并不是问题，很多联邦制国家的公共服务也是在地方层面提供的，问题来自于中国式的嵌入型体制。在地方政府之间为GDP的增长而展开锦标赛竞争时，它们的目标相对于社会目标来说更加短期化，而对其他长期目标则相对忽视，而且也很难找到相应的机制来激励地方政府追求长期目标。教育和医疗的发展就是对于经济增长短期效果不显著，但长期来看非常重要的目标，因此，地方政府对教育和医疗采取了"甩包袱"的做法，进行了筹资方式的市场化改革，地方政府在这方面的支出比重明显下降，而中央政府在公共服务均等化方面的投入也不足，只是到了最近几年，政府才越来越重视将更多的财政支出用于改善民生。研究发现，财政分权的确不利于地方政府增加在地方性公共品提供方面的支出（傅勇、张晏，2007）。但正如我们在第六章中已经分析过的那样，由于医疗、教育产品和服务本身具有很大的独特性，在筹资方式上片面地进行市场化改革会导致公共服务领域内出现不均等，从而不利于收入较低的地区和人群进行人力资本积累，因此，在这些领域内的筹资市场化既有损于公平，也有损于效率。

从要素流动的角度来看，公共服务地方化的提供模式加大了劳动力流动的成本，例如，公共服务和社会保障等均与户籍制度挂钩，这就对劳动力的跨地区流动造成了很大障碍。要素跨地区流动难，固化了地区间雷同的产业结构和同质性的竞争，不能实现地区之间的优势互补，从而进一步拉大了地区之间的发展差距。即使对于发达地区来说，如果劳动力不能通过自由流动集聚到本地，那么，这些地区的规模经济优势也得不到应有的发挥，因此也是这种竞争的受害者。所以，从地区间要素流动的角度来看，既有的公共服务提供体系既不利于社会公平，也不利于经济效率。中国共产党的十七大也提出，"缩小区域发展差距，必须注重实现基本公共服务均等化，引导生产要素跨区域合理流动"。

地区发展战略的趋同性、市场分割与重复建设

在中国的竞争性嵌入型体制下，地方经济的发展既直接关系到当地的财政收入和就业，又影响到对于地方官员的绩效评价，还进一步影响当地获得更多经济资源的能力。在地方间进行经济增长绩效竞争的背景下，如果采取地方保护主义和分割市场的做法能够使本地经济增长"相对"较快的话，那么，地方政府就可能采取这种"把对手拉下马"的方式来赢得竞争。从地方政府的行为逻辑来看，导致地方保护主义和分割市场的原因至少有以下两个方面：

第一，在计划经济时期形成的地区间资源误配置和雷同的产业结构已经成为事实，在市场经济体制下，违反地方比较优势的产业和企业是缺乏竞争力的（林毅夫，2002），而这些产业和企业在改革开放以后仍然拥有大量的就业岗位，创造着地方政府的财政收入，因此，通过分割市场来保护本地企业就成了地方政府的理性选择（林毅夫、刘培林，2004）。

第二，很多产业（特别是具有一定技术含量的成长型产业）都存在着由"干中学"机制所导致的收益递增性。这样的产业，具有一定的先发优势，于是，各地都会争先恐后地发展一些所谓的战略性产业，从而造成一轮一轮的重复建设（陆铭、陈钊、严冀，

2004；陆铭、陈钊，2006）。当重复建设的格局形成之后，各地的相关企业是否能够在市场上生存下去最终还是要接受市场本身的检验，当某些企业竞争能力不足时，地方政府则又有了通过市场分割和地方保护主义政策来获得短期利益的动机。

很多研究发现，中国国内的市场存在着严重的市场分割的迹象，甚至有学者发现，国内市场有越来越"非一体化"的趋势（Young，2000；Poncet，2003）。尽管更多的研究表明中国国内市场总体上仍然呈现出日益整合的趋势，但即使是那些认为市场在走向整合的学者，也并不否认财政分权体制为地方政府采取市场分割和地方保护主义政策提供了激励。市场分割和重复建设政策会引起资源在地区之间的误配置，造成分工的低效率和社会产出损失（桂琦寒等，2006；陆铭、陈钊，2006）。地区间这种雷同的发展战略不仅不能实现地区之间的比较优势和分工互补，而且还加剧了区域之间的发展差异。在初始条件不同但产业结构趋同的竞争中，如果落后地区的比较优势不能发挥出来，与发达地区之间的差距只会更大。我们在第四章的分析的确也表明，中国自改革开放以来，区域之间的发展差距越来越大。

经济增长方式的其他社会成本也越来越高

中国经济的非平衡增长方式还表现为在片面追求经济增长的同时，忽略了其他发展目标，特别是给自然资源和环境带来了高额的成本。中国长期以来的经济增长方式是"出口依赖型"的，而其背景和条件则是中国在全球分工体系里处于劳动力相对低价优质的位置，这就又使得中国的经济增长方式表现为"低成本依赖型"。很多劳动密集型制造业都同时是资源和环境消耗型的。在中国现行的分权体制下，地方政府在制定经济发展战略时，为了追求短期的增长，缺乏将环境和社会成本考虑在内的激励。

表面上看，中国的经济发展是建立在低成本的基础之上的，但是如果将环境和社会成本这些隐性的成本考虑在内，中国经济发展的成本则要高得多。根据世界银行的研究，中国每年的空气和水污染造成的成本为 540 亿美元，大约为 GDP 的 8%（World Bank，1997）。当前中国大气污染物排放总量居高不下，2006 年全国二氧化硫排放量高达 2100 万吨，是烟尘排放量污染最为严重的国家之一。此外，在实行环境统计的 300 个中国城市当中，七成处于或超过大气环境质量三级标准，换句话说，从环境标准来看，目前中国已有七成城市不适合居住。

除了环境污染之外，地方政府也缺乏足够的激励来实施劳动保护、产品质量标准等规制政策。即使国家在相关的领域里有统一的法规，也得不到有效的实施，从而造成规制失灵。近年来，矿难和产品质量事故频频发生。例如，根据国家安全生产监督管理局的数据，2004 年中国产煤 16 亿 6000 万吨，占全球的 33.2%，但是全国矿难死亡人数高达 6027 人，占全世界矿难死亡总人数的 80%。安全生产问题一直难以得到解决，也与地方保护主义有关。

对环境的污染和资源的过度利用不仅使得中国的实际福利增长要大大低于 GDP 的增长，而且给中国的可持续发展带来了负面影响。如果经济增长方式不进行适时调整，环境和资源的约束很有可能成为中国进一步发展的主要瓶颈之一。根据 2005 年瑞士达沃斯世界经济论坛期间正式对外发布的世界各国（地区）环境品质的"环境可持续指数"（ESI），在全球 144 个国家和地区中，中国位列第 133 名。在经济全球化的时代，这种负的外部性还跨越了国界，引起了国际社会的不满和日益关注。

宏观失衡和经济增长方式的困境

除了这些微观方面的失衡之外，中国的竞争性嵌入型体制还导致了中国经济在宏观层面上出现了失衡。在过去的 30 年里，中国曾经在 20 世纪 80 年代出现过经济的大起大落。在 20 世纪 90 年代中期以后，宏观经济总体上趋于平稳，但结构性矛盾日益突出。

在 1978 年到 1994 年间，国有经济仍然占据中国经济的主体地位。在这期间，虽然中央政府一直进行经济分权，给予地方政府很多经济自主权，但却没有对国有企业进行大规模的放松管制，所以政府对国有企业的"软预算约束"仍然存在。由于投资是国家出的，因此，在经济扩张期，企业有很强的冲动增加投资，而在经济紧缩期，企业则难以获得投资所需要的资金。财政分权体制使得中央政府的税收比重逐年下降，于是，一旦遇到经济紧缩，政府难以通过财政拨款的方式来拯救国有企业，剩下的办法就是通过银行系统进行货币创造，这就成了20世纪80年代通货膨胀的形成机理之一。而当通货膨胀出现之后，政府又接着压缩信贷和减少货币创造，于是，中国经济又会陷于通货紧缩的境地。这就可以很好地解释1978年到1994年间的三次"一放就乱、一收就死"的宏观经济的周期性波动，尽管每一次经济周期性波动的触发机制都有所不同。

中国的宏观经济表现在1994年前后发生了深刻的变化。第一个变化是，1994年实施的分税制改革较清晰地界定了中央和地方的"税收权"，这在很大程度上改变了地方政府的激励和行为。1994年的分税制改革具有重要的制度意义，它为中国地区竞争性嵌入型体制奠定了制度基础，统一了地区间的游戏规则。

地方政府为GDP增长展开了激烈的竞争，在基础设施方面进行了大量的投资，每个地区都有内在的冲动扩大产能，这与企业的大量投资一起积累起了相对过剩的产能。另一个结构性变化是，1994年之后，国有企业改革和金融体制改革阔步前进。一方面，国有企业开始了建立现代企业制度的改革，同时，分税制改革催生了地方政府推动的民营化浪潮。1994年之后大规模的民营化在很大程度上消除了1978年到1994年间仍然困扰国有经济的"软预算约束"现象。另一方面，随着国有银行加快了商业银行改革的步伐，政府不再能够轻易地通过行政指令来为国有企业融资。这一系列改革使从计划经济时代就一直存在的"一放就乱、一收就死"的现象在1994年之后基本消除了。

我们接下来的分析将表明，分权式改革和1994年的其他配套改革促进了经济总量的增长，消除了长期困扰中国经济的"一放就乱、一收就死"的经济周期。这可以看成是分权式改革在宏观表现上好的一面。可以说，1994 年是中国宏观经济发生实质性的结构性变化的分水岭，政府对信贷和货币进行管理的方式，以及通货膨胀（或紧缩）的机理都发生了显著变化。

如果以 1994 年实施分税制为界将宏观经济分成两个阶段，那么，1978～1994 年间中国经济基本处于"软预算约束"状态，在传统社会主义计划加国有的经济管理体制下，这是一种常态（科尔内，1986）。虽然不同时期的表现略有差别，但总体上来说，这一阶段基本都属于投资和消费的"双膨胀"，经济还没有摆脱"短缺经济"的特征，宏观经济会阶段性地出现"一放就乱、一收就死"的周期。从图 6 - 2 中可以看出经济增长与通货膨胀之间的关系在1994 年前后的巨大变化，中国前期的"一放就乱、一收就死"经济周期在 1994 年后基本上消失了。

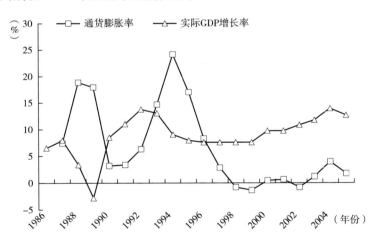

图 6 - 2　中国实际 GDP 增长率和通货膨胀率（1986～2005）
数据来源：《中国统计年鉴》及作者的计算。

投资占 GDP 比重居高不下，消费不振

从 GDP 的构成来看，在过去 30 年中，国内（居民）消费占GDP 的比重在下降，投资的比重则变得越来越高。如图 6 - 3 所示，在经济改革的前 10 年左右的时间里，投资率大约为 36%；投资率

在 20 世纪 90 年代之后迅速提高，在 2003 年、2004 年、2005 年三个年度中，投资率一度高达 43%；长期居高不下的储蓄率使得高投资率得以维持，2005 年中国的储蓄率高达 50%。在 2001~2005 年中，GDP 的一半以上是由投资驱动的（Lardy，2007）。由于国内消费需求相对不足，中国要保持经济高速增长，便需要高度倚重于出口，出口占 GDP 的比重逐年提高。

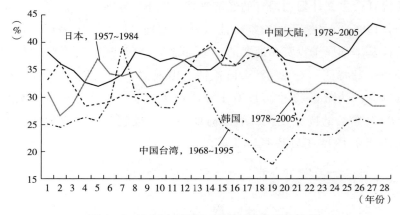

图 6 - 3　中国大陆投资率与东亚模式的比较

注：横轴表示的时期是这些经济体平均投资率最高的 28 年。

资料来源：Lardy（2007）。

从历史和横向比较的角度来看，即使将中国与素来以投资率高著称的东亚其他国家和地区相比，在经济高成长的阶段，中国 2000 年后的投资率也比其他国家和地区的历史最高时期要高（如图 6 - 3）。图 6 - 4 则进一步比较了中国在过去 30 多年的时间里固定资产的投资与居民消费的演变，固定资产投资占比的增长和消费占比的持续下跌形成了鲜明对比。

20 世纪 90 年代中期以来出现了"流动性过剩"现象

对于流动性过剩，很多学者从货币供给的角度（如 M2 占 GDP 的比重）进行度量，但流动性过剩并非单纯的货币现象，而是国内外经济发生了深刻的结构性变化的结果。一个可行的判断流动性是否过剩的方法是看实际利率是否长期走低，因为它更准确地反映了

图 6 – 4　固定资产投资与居民消费占 GDP 比例（1970～2005）

资料来源：根据历年《中国统计年鉴》，中国统计出版社。

流动性的供给和需求之间的均衡。自 1994 年后，中国的实际利率基本上是走低的（如图 6 – 5 所示）。

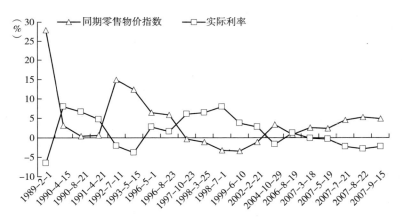

图 6 – 5　1989 年 2 月到 2007 年 9 月中国零售物价指数与实际存款利率

数据来源：根据《中国统计年鉴》（中国统计出版社）计算。

　　就如我们在前面提到的那样，理解改革开放后经济分权体制与宏观经济的关键一环是，理解分权是如何改变了政府对国有企业的软预算约束程度和流动性创造方式。在这里我们要区分中国经济改革中的两类改革：市场化改革和财政分权改革。前者旨在逐渐放松价格控制、引入市场机制，资源的分散化配置使更多的资源配置到更有效率的非国有企业。后者指财政活动从中央政府下放到地方政府。

1994 年之前预算软约束对宏观经济的影响

在计划经济体制下存在着软预算约束现象，主要指在国有企业亏损的时候，中央政府不得不去解救亏损的国有企业。就算事前政府声称不会去拯救亏损的国有企业，也没有人会相信，因为所有人都认为，一旦亏损出现，政府肯定会出手相救（科尔内，1986）。在高度集权的计划经济中，由于政府是国有企业唯一的投资主体，所以一旦前期的投资出现问题，只要预期未来的收益为正，政府就会追加投资，这样，坏的项目就不会被停下来。如果考虑到国有企业还承担着就业和社会保障的任务，那么，政府就更不会去关闭国有企业了。

在 1978～1994 年间，市场化改革和财政分权改革是同步进行的。市场化改革的一个表现为经济中非国有经济的比重越来越大，市场化改革的深化，使得资源（包括金融资源）配置到更有效率的非国有经济部门，导致了经济增长。但在这段"增量改革"的时期，政府基本上没有放松对国有部门的管制和进行国有部门的民营化，只是在边际上引入了非国有经济（如私人企业和乡镇企业），所以政府对国有部门的软预算约束一直是存在的。财政分权则表现为中央政府的财政收入比重一直在下降，地方政府的财政收入比重则一直在上升。在这一时期，国家对国有经济的软预算约束没有根本性的改变，而财政分权体制又限制了中央政府的财力，当经济紧缩时，中央政府缺乏充分的财政资源来拯救国有企业，而银行部门的改革又使得政府不能直接干预银行的信贷行为，剩下的办法就是通过货币创造来使经济走出紧缩期，而这就引发了经济扩张时期的通货膨胀，导致了在这段时间内经济增长和通货膨胀高度同步的局面（Brandt and Zhu，2000）。而如果政府在金融方面进行收权，直接控制信贷，那么就会导致经济紧缩。这样就造成了这段时期内的宏观经济出现"一放就乱、一收就死"的周期性波动。综上所述，我们可以通过图 6－6 来表示 1978 年到 1994 年的宏观经济周期的微观机制。

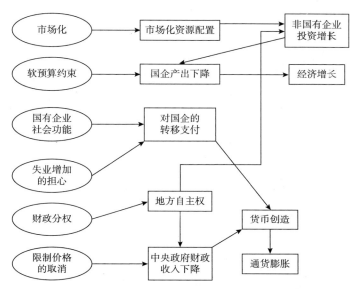

图 6 – 6　1978 ～ 1994 年中国宏观经济的微观基础

注：国有企业产出下降的同时，私营部门在增长，因此经济总体上保持了增长。

资料来源：Feltenstein 和 Iwata（2005）。

1994 年后经济的结构性变化

1994 年是中国经济改革的一个分水岭，由于这一年出台了很多重大的改革政策，经济也随之发生了一些结构性变化，标志着中国从之前的"增量改革"转变为"整体推进"的改革。而随着现代企业制度的建立，分税制改革的推进，以及商业银行的改革，原先存在的国有企业的"软预算约束"问题在 1994 年之后得到了根本性的改变，深刻地影响到了宏观经济的表现。从财政分权的角度来看，1994 年的分税制改革清晰地界定了中央和地方的"税收权"，对地方政府的行为有着重要的影响。在分税制改革之前，中央和地方的财政关系在"税收权"方面一直没有清晰的界定，无论是 1980 ～ 1987 年实施的"分灶吃饭"，还是 1988 ～ 1993 年实施的"财政大包干"，其实质都是财政承包制。在这种承包制下，各地区与中央的财政分成率是在历史数据的基础上通过地方和中央一对一的谈判来确定的。这种安排对税基没有清晰的界定，而且还存在横向上的不公平。财政包干体制的另一个后果是扩大了地方政府对财政收入的支配权，使得地方政府的财政收入大增，而中央政府财政收入的比重则持续下降，到了 20 世纪 90 年代初期，中央政府支出的一半要靠举债来维持（吴敬琏，2003）。

1994 年的分税制改革清晰地界定了中央政府和地方政府的税基和税收分成比例，其影响是深远的。其中一个方面就是促进了大规模的国有企业民营化。由于分税制改革使得大部分税为中央政府所得，在地方政府的事权和支出没有相应下降的情况下，给地方财政带来很大压力，对低效率的国有企业进行民营化成了地方政府的选择（张维迎、栗树和，1998；Li, *et al.*, 2000）。到 20 世纪 90 年代末，非国有经济已经在国民经济中所占份额最大，成为支撑经济增长的基础性力量。图 6－7 用口径较为一致的从业人员数据显示了 1978～2005 年间中国城镇所有制结构调整的趋势。表 6－4 显示了 2006 年工业企业主要经济指标的所有制结构，可以看到，非国有经济在各项指标中都已经占到了绝对多数。

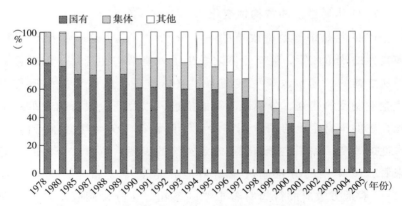

图 6－7　中国城镇从业人员按所有制分布（1978～2005）

数据来源：《中国统计年鉴 2006》，中国统计出版社。

表 6 - 4　全部国有及规模以上非国有工业企业主要经济指标（2006 年）

单位：亿元

项目	企业单位数（个）	工业总产值（当年价格）	资产总计	主营业务收入	利润总额	全部从业人员年平均人数（万人）
国有企业	14555	30728.16	48941.61	31437.09	2011.73	707.21
比重（%）	4.82	9.71	16.81	10.02	10.31	9.61
集体企业	14203	9174.88	5504.00	8919.09	529.36	266.52
比重（%）	4.70	2.90	1.89	2.84	2.71	3.62
其他	273203	276686	236769	273236	16963	6385
比重（%）	90.48	87.40	81.30	87.13	86.97	86.77
总　计	301961	316588.96	291214.51	313592.45	19504.44	7358.43

注：规模以上非国有企业为年主营业务收入在 500 万元以上的企业。

数据来源：《中国统计年鉴 2007》，中国统计出版社。

　　分税制改革使预算软约束得到一定程度的消除。一方面，民营化和国有企业比重的下降直接减少了政府对国有企业的软预算约束。另一方面，即使中央政府对部分国有企业仍然存在软预算约束，但分税制改革后中央政府的税收增加，也使得它不必再通过货币创造的方式来对国有企业进行投资或实施保护。这两个效应都会减少中央政府货币创造的动机，降低通货膨胀的压力。

　　除了财政体系方面的改革之外，银行体制的改革也在一定程度上解决了政府对国有部门的软预算约束问题。中国金融体系的建立起步较晚，长期以来受到央行行政控制，带有金融压抑的特征，官方利率也处于实际负利率的状态中。改革开放后，地方银行每年都有信贷配给计划，每个省对国有和非国有企业也有固定的投资比例，这样，资金难以通过市场得到有效配置。随着经济发展，信贷配给权力逐步下放到地方银行，这一方面体现了中央权力的下放，但另一方面也使地方政府和银行的关系更为密切，易于形成地方政府对信贷方向的干预，从而加剧软预算约束。此外，在信贷配给权力下放后，各地为了提高信贷配置的效率，都不愿再执行统一的信贷计划，而开始让资金流向更有效率的部门，尤其是非国有企业。但是，为了控制计划外信贷，中央政府仍然诉诸信贷计划管理，利用它来集中信贷管理权，控制国有银行贷款，限制国有银行信贷计划外贷款，强调地方领导和国有银行领导对信贷计划完成的个人责任。因此，从 1979 年到 1993 年，还是有 84% 的新增贷款流向了国有企业，其中 1/3 是中央银行的政策性贷款，而这些通常都不会偿还，形成了银行巨额的不良贷款。

直至 1994 年以后，银行体制改革才开始真正朝着市场化的方向发展，央行将原来货币调控由多级调控改为中央一级调控，并建立了以间接调控为主的调控体系，中介目标也从信贷资金规模向货币供应量转化，各种货币政策工具的应用也在推进中。随后，地方政府对银行的控制更加减弱，难以再像以前那样调配银行资金信贷，而银行的贷款也更多流向效益好的企业。金融体系与国有部门基本上脱钩，这也硬化了预算约束。

总的来说，1994 年的综合改革产生了三个宏观经济结果：第一，1978 ~ 1994 年间长期存在的通货膨胀周期消失了；第二，逐渐出现了产能过剩的现象；第三，流动性过剩开始出现，并日益累积起来。

因为分税制改革明确了地方的税收分成，造成其为招商引资和 GDP 的增长而在基础设施建设等方面展开了激烈的竞争，在计划经济时期留下来的地区间雷同的"小而全"产业结构下，地区间投资往往也是雷同的，这就加剧了总量投资过剩和产能过剩。与此同时，中国所处的发展阶段也使得企业在选择投资项目时出现集中于某几个产业的"潮涌现象"。在发达国家，企业处于技术可能性边界前沿，每个企业在选项目的时候都存在很大的不确定性，而在发展中国家，企业远离技术可能性边界，可以选择相对成熟的确定性项目进行投资，对经济中哪些项目盈利的判断很可能会出现"英雄所见略同"的情况。这样，很多企业都可能会选择同一个产业进行投资，也会导致投资过剩和产能过剩（林毅夫，2007）。

产能过剩使得中国的总供给不断扩张。但在总需求方面，企业预算约束硬化，政府不再通过货币创造来拯救国有企业，这些导致企业部分的投资需求相对不变，与此同时，城乡间、地区间收入差距扩大，城市的市场化改革造成人与人之间的收入差距也扩大，这又使得消费者方面的消费需求相对不足。总供给扩张，总需求相对不足，造成了均衡中产出的增加和物价水平的下降。这与中国宏观经济在1994年之后的表现是吻合的。

中国在1994年之后逐步累积的流动性过剩现象与所处的发展阶段、城市的市场化改革和城乡二元经济结构有关。第一，在发展中经济高速成长的时期，由于投资机会多但金融体系不发达，特别是由于银行体系的低效率，效率较高的民营企业又难以通过金融市场融资，储蓄很难有效地转化成企业的投资，这就使得企业有很强的储蓄动机，保持自身较多的流动性。而在经济快速成长的阶段，企业面临的宏观冲击较多，储备流动性还可以应对这些冲击，起到保险的作用。

第二，在城市的市场化改革进程中，社会经济生活发生巨大的变化，居民承受的风险大大增加。同时由于20世纪90年代中期之后公共服务领域的市场化改革，居民也要承担更多的风险。增加储蓄便成了应对风险的手段。同时，在消费需求相对不足的情况下，企业投资也缺乏国内需求支撑，那些面向国内市场的企业就只能增加储蓄。

第三，中国的城乡二元经济结构下的劳动力流动和城市劳动力市场改革加剧了竞争，压低了工人的实际工资，劳动力（特别是农民工）的实际工资水平低于他们的劳动生产率。的确，最近的数据表明，虽然工人的工资在总量上有所上升，但相对于生产率的提高，单位劳动成本反而下降了（参见图6-8）。由于付给工人的工资远远低于其生产率，企业可以积累大量利润。有意思的是，低工资、高利润的现实弥补了国内银行体系低效率的缺陷，使得盈利企业可以通过利润进行更多的自我融资，从而减少了企业对外部融资的倚重，缓解了中国低效的金融体系给企业造成的信贷约束。由于劳动弱势的局面在短期内难以扭转和生产率的继续提高，国内的流动性过剩将可能是一个长期存在的现象。

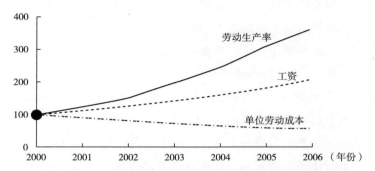

图 6 – 8　中国的劳动生产率、工资和单位劳动成本变动（2000～2006）
注：图中数据以 2000 年为 100。
资料来源：*The Economist*（2007）。其中，2000～2005 年数据为 Morgan Stanley 公司的计算，2006 年数据为 *Economist* 的估计。

　　20 世纪 90 年代中期全面的结构性改革改变了中国经济周期的性质。一方面，分税制和几项重大改革消除了政府用货币创造来拯救国有企业这种"软预算约束"现象，在很大程度消除了需求拉动型的通货膨胀；另一方面，中国的劳动弱势所造成的低工资又基本上消除了成本（尤其是工资）推动型的通货膨胀。由于国有企业的改革，1996 年以后，城市劳动力市场的竞争大大加剧，给城市的工资水平产生了向下的压力。同时，城乡间、地区间和人际收入差距的扩大又抑制了需求的增长。而在供给方面，1994 年后地区竞争的加剧、非国有经济快速发展带来了产出的迅速增加，反而给经济带来了通货紧缩的压力。

　　通过上面的分析可知，1994 年的确是中国经济一个很重要的分水岭。它推动了中国经济高速增长，改变了中国经济周期的性质，而它所带来的代价则是，整体推进式改革与前期"没有输家"的双轨制相比，造成很多人在改革中成为利益相对受损者，而另一些人成为赢家（Naughton，2007），从而放大了人们之间的收入和福利差距。由于不同的人原来拥有的机会和禀赋不同，在市场化过程中使得这些机会和禀赋可以得到"资本化"。在住房改革中，权势影响了住房分配，并最终转化成了人们的财富差距，就是一个非常好的例子（Meng, 2007）。另一个类似的例子是，在国有企业转制过程中，一些有权势的人操纵了转制的过程，表面上公平、公正、公开的转制过程成为侵吞国有资产的手段，拉开了收入差距（陆铭、陈钊、张爽，2007）。除了收入差距效应外，由于住房、医疗、教育等传统福利都在筹资方式上进行了市场化改革，所以居民的储蓄倾向加强了，而国内消费需求就会相应下降。所以，内部微观失衡加总成的宏观经济失衡成为当代中国需要面对的新问题。（我们将 1994 年后中国宏观结构变化的机制总结在图 6 - 9 中。）

在图 6 - 9 中，我们还想说明，内部失衡还会向外部失衡转化。当国内总需求相对不足时，中国只能借助于出口的快速增长来维持经济的高速增长。国内工资增长落后于劳动生产率增长的局面，大大提升了中国产品的国际竞争力，为出口的持续增长创造了条件。

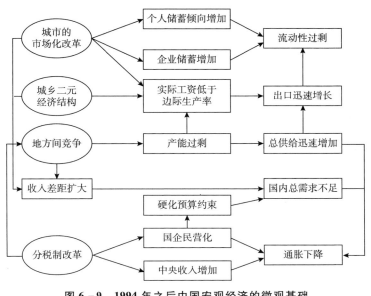

图 6 - 9　1994 年之后中国宏观经济的微观基础

1994 年以后，长期低估的人民币汇率又为中国产品维持低价提供了另一个有利条件。出口的快速扩张在 20 世纪 90 年代中期消除了中国的贸易逆差，并最终导致 2005 年以后中国外贸盈余持续快速增长，出现了外部失衡的状况。

五　重启新的改革议程

在前期的转型中，由于市场制度和正式制度的不健全，中国式的嵌入型体制已基本完成了其历史使命，但其经济和社会成果却日益上升，如果不适时加以调整，会严重影响中国的经济和政治转型，甚至阻碍中国在 20 世纪成为一个伟大的国家。

除以上提及的不利于规模经济和有可能加剧不平等之外，在未来的市场体系建设和制度转型过程中，关系型社会结构对民主与法治的建设也将构成一个严峻的挑战。如果市场发育和经济发展使得人们的交易范围越来越大，能够产生一种消解关系型社会的力量，那么，民主和法治建设将可能成为一个自然的过程。但是，如果市场发育嵌入在社会关系中，民主和法治的建设就会遇到很大困难。理论分析告诉我们，中国正在进行的继续迈向市场化的转型存在两种可能：一种可能是市场的力量足够强，冲开了社会关系的羁绊，从而走上健康的市场化道路；另外一种可能是，市场化的力量被更强大的社会关系所"俘虏"（经济关系"嵌入"在社会关系中），从而走上了权贵市场化道路。拉丁美洲地区等发展中国家的历史教训告诉我们，中国现在需要做的是尽可能避免第二种市场化道路，而努力走上第一种市场化道路。正如中国过去 30 年的改革是积极适时的制度变革那样，面临着由内外双重失衡所带来的动力机制，中国同样也应该考虑到新阶段的目标和变化了的约束条件，不失时机地将改革向前推进，实现现行嵌入型体制的"脱嵌"，实现基于法治社会、民主政治和市场经济的现代体制。为此，中国迫切需要推进如下改革议程：

转变政府职能

在经济转型的早期阶段，后进国家的经济结构相对比较简单，且生产技术远离世界技术前沿。在这种基于投资的经济发展阶段，由于后进国家可以模仿和学习现成的技术，强政府和集权的金融体系可以比较容易地组织资源，从而实现较快的经济发展。

但是，随着经济的发展，经济中的信息就会变得越来越复杂。在消费领域，民众对私人品和公共品的偏好变得越来越多元化，人们的需求会逐渐超越单维度的经济增长，对医疗、教育、文化和权利表达会有更大的需求。随着人们的偏好日益多维化，政府会越来越难以知道民众的需求。消费领域信息的复杂化会相应造成生产领域信息的复杂化。同时，随着发展阶段的提高，在生产领域，基于知识的创新变得越来越重要。信息的复杂化会使得政府的管理变得越来越困难。

因此，政府应逐渐退出对经济活动的直接参与和干预，更应扮演规制制订者和实施者的角色，同时要保护好产权，促进公平竞争，更多地激励经济主体（企业、个人）发挥其创造性。相应地，在国民收入分配方面，应该更多地通过放松管制和推动要素市场改革向微观经济主体倾斜，降低政府税收在国民收入中的份额。

在这种情况下，政府职能也应相应调整。在经济职能方面，随着市场体系的健全和完善，政府在资源配置中的作用应该变得更加间接，更多地让市场机制来发挥配置资源的作用，同时政府应该将精力和资源转移到提供公共品方面去。随着"单位制"的解体以及家庭和家族纽带的松散化，传统的公共品提供和风险分散机制趋于瓦解，政府必须在公共服务方面（尤其是社会保障、医疗和教育方面）承担起相应职责，以弥补市场机制的缺失和不足。

除此之外，政府还应实施积极的社会政策来缩小收入差距。政府不仅应在分配方面通过适当的税收和转移支付进行调节，也应创造公平公正的竞争环境，使初次分配尽可能公平。其中，特别重要的是应加强反垄断和反腐败的力度，减少由于政治权力和社会关系结合起来配置资源而引起的社会不公。在初始禀赋就不平等的情况下，应该对弱势群体（如农民）适当加大帮扶力度，尽可能创造公平的发展机会和创造就业，提高不同阶层人群的社会流动性。

推进要素市场的改革

东亚经济模式为人称道的一点是在经济起飞前先对要素市场，尤其是土地市场进行了平等主义的改革，要素市场改革造就的起点的公平对于实现共享式增长和平稳巩固的民主化是很关键的。如果我们将眼界放得更广一些，北美洲和南美洲经济发展路径的分野也是由于要素禀赋的分布不同造成的。北美洲的要素（特别是土地）的初始分布在人与人之间比较平等，这使得人们更有积极性来投资于人力资本；南美洲则刚好相反，土地等要素的初始分布高度不平等，这使得没有土地要素的人们在社会中的谈判力比较低，从经济增长的成果中得到的份额就比较低，他们就没有积极性投资于人力资本。长期以来，经济发展的差异就越来越大了（Engerman and Sokoloff, 2000）。

与北美和东亚模式不同，中国的改革是在土地等要素没有完全市场化的情况下进行的。虽然中国最终产品的市场化已经基本完成，但是，要素（中间产品）的市场化却严重滞后。如城市土地名义上为国有，实际上基本为地方政府所垄断。由于户籍制度等制度性原因，劳动力在城乡之间的流动受到严格限制，劳动力市场的自由度受到很大限制。考虑到最终产品市场的企业大部分为劳动密集型的民营企业，基本上处于完全竞争的状态，本来利润率就极低，还要支付很高的要素价格，因而严重地挫伤了民营企业及其就业创造能力，并加剧了不同行业间的收入差距。

中国要素市场化改革不仅是滞后的，而且在城乡之间的改革也不对等。城市居民虽然不拥有土地的所有权，但拥有土地之上住房的所有权，由于土地的价值可以通过房地产市场"资本化"到房子的价格中，因此，城市居民实质上拥有了土地的所有权。而农村居民却没有拥有土地所有权，这加剧了城乡之间原本就存在的收入差距。劳动力市场和信贷市场在城乡之间的市场化也是不对称的。城市居民在劳动力流动方面拥有更高的流动性和更多的信贷资源，而农村居民则要受到更高的劳动力流动限制、拥有较少的信贷资源。这也加剧了城乡之间的收入差距。要素市场改革的滞后还导致了掌握要素支配权的政府官员的腐败问题，这也导致了收入差距。中国的收入差距已经达到惊人的地步，国家统计局公布的 2010 年中国的收入基尼系数是 0.481，而西南财经大学中国家庭金融调查与研究中心公布的 2010 年的基尼系数则为 0.61[①]，后者无疑位于世界最高之列。而东亚模式的国家和地区的基尼系数要低很多。如果得不到及时的纠正，收入不平等对于中国的可持续的经济增长和未来的政治转型都将产生负面影响。因此，通过要素市场改革和其他方法来降低收入差距，应该成为下一步改革的重点内容之一。

如同东亚模式的"脱嵌"一样，打破垄断并放松规制也是中国"脱嵌"的必经之路。在东亚模式的嵌入型体制下，政府与少数大财阀之间的互联的关系型合约在经济发展的初期也许可以弥补市场缺失，促进经济增长，同时也享受了高额的垄断租金。随着经济的发展，这种关系型合约所带来的进入壁垒越来越成为经济发展的障碍。正如我们在本书的第五章看到的那样，20 世纪 90 年代末的亚洲金融危机对东亚的嵌入型体制造成很大的冲击，这些国家逐渐从"有限进入秩序"的社会变成"开放进入秩序"的社会。

推动城乡一体化

二元经济结构在促进资本积累和推动工业化方面对中国经济发展具有积极作用。但是随着全球化的深入和经济发展水平的提高，中国的资本稀缺性已经大大下降。所以，现有城乡二元结构的负面影响，如城乡收入差距的扩大、国内需求受到制约等，就逐渐凸显出来了。现有的二元结构还对中国的城市化产生很大的阻碍作用，

---

① 西南财经大学中国家庭金融调查与研究中心：《中国家庭收入差距报告》，未刊，2013。

使得集聚效应得不到发挥。现有的二元结构还削弱了企业进行技术革新和研发的激励，因为企业总是可以雇用到廉价的劳动力。

长期来看，城乡分割使中国锁定在劳动密集型的产业结构上，不利于推动技术进步和产业升级。在收入分配上，即使资本稀缺性大大下降，普通劳动者的收入增长仍然大大低于其劳动生产率的增长。

可见，推动城乡一体化和促进城乡融合是一个"一举多得"之策：既有助于缩小收入差距、实现社会和谐，也有助于中国走出内外失衡的困局，同时还是实现技术进步的先决条件。推动城乡一体化和促进城乡融合的实质，不只是将农民从农村搬到城市里，还要在制度上减少城市对农村劳动力流入的种种限制，逐渐实现进城的农民工享有与城市居民同等的社会保障和公共服务，消除对农民工的歧视，赋予其平等的发展机会。同时，政府还不应忽略对农村教育的投入，必须提高农村居民的人力资本水平和就业能力，才能使他们适应未来的城市化和工业化进程。

在从城乡分割到城乡融合的制度转变中，中央政府必须在制度建设方面承担更多责任，因为这很可能并不符合城市的地方政府的短期利益。中央政府还应在城乡融合的进程中促进地区间的协调行动，防止每个地方都不愿意先行动而使整个城乡融合的配套制度建设陷于僵局。

改革现有的分权体制

中国地区竞争性的嵌入型体制导致了严重的市场分割和好公共品（public goods）提供不足，坏公共品提供过剩（public bads）。一方面是因为政治体系内基于相对绩效的激励机制，另一方面是因为地方政府还掌握有大量的经济资源，还在经济中发挥着重要作用。所以，要想克服地区之间以邻为壑的竞争，最重要的是减少地方政府所控制的社会经济资源，削弱地方官员的政治企业家地位，从而降低它们在资源配置中的作用。然后，在这个基础上要弱化对地方官员基于 GDP 相对绩效评估的激励机制，从而最终达到减少恶性竞争、促进市场整合的效果。在分权的体制下，地方层面的放松管制要比中央层面的放松管制更为重要。在地方层面放松管制基础上，必须适时地改进地方政府的治理，引入更多民主机制，从而使得政府能够更多地对地方民众问责，并对公共品需求的多元化做出反应。

把握好民主化和法治化的时机

在过去 30 多年的时间内，由于市场的不完全性，嵌入型体制曾经是一种次优的制度安排，促进了中国经济的快速增长。但是经济发展则需要进一步地扩大市场范围和提高专业化，经济增长的引擎也应该由投资驱动改为人力资本驱动，这一点都要求中国改变治理结构，从嵌入型体制转变为开放型社会。依赖第三方实施的制度支持就变得越来越重要，就需要不失时机地推进民主化和法治化。中国在制度的层面才会真正进入现代社会（秦晓，2009）。

自 19 世纪 40 年代中国的国门被迫打开以来，中国的无数仁人志士和社会大众在迈向现代性方面进行了无数的探索，有成功的经验，更有惨痛的教训。二战后中国大陆的近邻东亚模式的经济和政治发展经验有力地说明，适宜的制度是经济发展阶段的函数，嵌入型体制在市场不完备的发展阶段的确有助于经济的赶超，这个发展阶段是基于投资的发展阶段。在经济发展到中等收入阶段之后，经济发展的引擎需要从投资转变成创新，经济发展阶段也应该进入基于创新的发展阶段。不同的发展阶段需要不同的治理结构，在新的历史阶段，嵌入型体制的封闭性不利于创新和经济发展，对中国经济和社会的伤害正在日益凸显。中国需要从一个嵌入型体制转变为一个基于市场经济、民主政治和法治社会的现代体制。历史地看，中国离现代性从来没有这么近过，只需临门一脚，东亚近邻所能做到的，中国也应该完全可以做得到。

参考文献

Acemoglu, D. , Aghion, P. , and Zilibotti, F. , 2006, "Distance to frontier, selection, and economic growth," *Journal of the European Economic Association*, 4 (1), 37 – 74.

Acemoglu, D. , Johnson, S. , and Robinson, J. A. , 2005, "Institutions as a Fundamental Cause of Long – run Growth," *Handbook of Economic Growth*, 1, 385 – 472.

Acemoglu, Daron and James Robinsin, 2005, *Economic Origins of Democracy and Dictatorship*, Cambridge University Press.

Acemoglu, Daron, 2008, "Oligarchic vs. Democratic Societies," *Journal of the European Economic Association*, 6, 1 – 44.

Acemoglu, D. , and Robinson, J. , 2012, *Why Nations Fail: The Origins of Power, Prosperity, and Poverty*, Crown Business.

Alesina, A. , and Ferrara, E. L. , 2004, "Ethnic diversity and economic performance" (No. w10313). National Bureau of Economic Research.

Amsden, Alice H. , 1989, *Asia's Next Giant: South Korea and Late Industrialization*, Oxford University Press.

Aoki, M. , 2012, The five – phases of economic development and institutional evolution in China and Japan. www. iea – congress – 2011. org/attachment/07 – 4 – Plecture – Aoki. doc

Arrow, Kenneth, 1971, "Political and Economic Evaluation of Social Effects and Externalities," in Michael Intriligator eds. , *Frontiers of Quantitative Economics*.

Amsterdam: North – Holland, 3 – 25.

Aumann, R. , 2008, "Rule Rationality vs. Act Rationality," The Hebrew U-niversity, Center for the Study of Rationality, 497.

Baicker, K. , 2005, "The Spillover Effects of State Spending," *Journal of Public Economics*, 89, 529 – 544.

Bailey F G. , 1966, "The peasant view of the bad life," School of African and Asian Studies and Institute of Development Studies at the University of Sussex.

Basu, Kaushik, 2001, "The Role of Social Norms and Law in Economics: An Essay on Political Economy," in Scott and Keates (eds.), *Schools of Thought*, Princeton University Press.

Bates, R. , 1981, Markets and States in Tropical Africa, University of California Press.

Bates, Roberts, 1981, Markets and States in Tropical Africa, University of California Press.

Berkowitz, D. , and Li, W. , 2000, "Tax rights in transition economies: a tragedy of the commons?" *Journal of Public Economics*, 76 (3), 369 – 397.

Besley, T. and A. Case, 1995, "Incumbent Behavior: Vote – Seeking, Tax – Setting, and Yardstick Competition," *American Economic Review*, 85, 25 – 45.

Besley, T. , and Persson, T. , 2011, *Pillars of Prosperity*, Princeton University Press.

Blanchard, Oliver and Andrei Shleifer, 2001, "Federalism with and without Political Centralization: China versus Russia," IMF Staff Papers, 48, 171 – 179.

Booth, A. , 1999, "Initial conditions and miraculous growth: why is South East Asia different from Taiwan and South Korea?" *World Development*, 27 (2), 301 – 321.

Brandt, L. and X. Zhu, 2000, "Redistribution in a Decentralized Economy: Growth and Inflation in China under Reform," *Journal of Political Economy*, 108, 422 – 439.

Braverman, A. , and Stiglitz, J. E. , 1982, "Sharecropping and the interlinking of agrarian markets," *American Economic Review*, 72 (4), 695 – 715.

Cai, Hongbin and Daniel Treisman, 2005, "Does Competition for Capital Discipline Governments? Decentralization, Globalization and Public Policy," *American E-*

conomic Review, 95, 3, 817 – 830.

Chang, H. J. , 2002, *Kicking away the Ladder: Development Strategy in Historical Perspective*, Anthem Press.

Chen, E. K. , 1997, "The total factor productivity debate: determinants of economic growth in East Asia," *Asian – Pacific Economic Literature*, 11 (1), 18 – 38.

Collins, S. M. , Bosworth, B. P. , and Rodrik, D. , 1996, "Economic growth in East Asia: accumulation versus assimilation", *Brookings Papers on Economic Activity*, 2, 135 – 203.

Crafts, N. F. , 1998, "East Asian growth before and after the crisis" (No. 98 – 137) . International Monetary Fund.

Debs, Alexander, 2010, Slides in Econ792, Lecture 5, Yale University.

Du, Julan, and Yong Wang, 2012, "Reforming SOEs under China's State Capitalism," working paper, Chinese University of Hong Kong.

Eads, George and Kozo Yamamura, 1987, "The Future of Industrial Policy," in *The Political Economy of Japan* (Vol. 1) (Yamamura, Kozo and Yasukichi Yasuba eds.) , Stanford University Press.

Engerman, S. and Sokoloff, K. , 2000, "History Lessons: Institutions, Factor Endowments, and Paths of Development in the New World," *Journal of Economic Perspectives*, 14 (4): 217 – 232.

Evans, Peter B. , 1995, *Embedded Autonomy: States and Industrial Transformation*, Princeton University Press.

Fallows, James, 1994, *Looking at the Sun: the Rise of East Asian Economic and Political System*, Pantheon.

Feltenstein, A. and S. Iwata, 2005, "Decentralization and Macroeconomic Performance in China: Regional Autonomy Has Its Costs", *Journal of Development Economics*, 76, 481 – 501.

Friedrich, C. J. , 1963, *Man and His Government: An Empirical Theory of Politics*, New York: McGraw – Hill.

Gerschenkron, Alexander, 1962, *Economic Backwardness in Historical Perspective*, Cambridge: Harvard University Press.

Glaeser, Edward L. , Rafael La Porta, Florencio Lopez – de – Silanes, and Andrei Shleifer, 2004, "Do Institutions Cause Growth?" NBER Working Paper

10568.

Hausmann, R. , and Rodrik, D. , 2003, "Economic development as self – discovery," *Journal of Development Economics*, 72 (2) , 603 – 633.

Heller, M. A. , 1998, "The Tragedy of the Anticommons: Property in the Transition from Marx to Markets," *Harvard Law Review*, 621 – 688.

Houle, C. , 2009, "Inequality and Democracy," *World Politics*, 61 (4) , 589 – 622.

Huntington, S. P. , 1991, *The Third Wave: Democratization in the Late Twentieth Century* (Vol. 4) , University of Oklahoma Press.

Itō, T. , 2010, *The Rise of China and Structural Changes in Korea and Asia*, Edward Elgar Publishing.

Jin, H. , Qian, Y. , and Weingast, B. R. , 2005, "Regional decentralization and fiscal incentives: Federalism, Chinese style," *Journal of Public Economics*, 89 (9) , 1719 – 1742.

Johnson, Chalmers, 1982, *MITI and the Japanese Miracle*, Stanford University Press.

Jong – Sung You, 2008, *A Comparative Study of Corruption in South Korea, Relative to Taiwan and the Philippines: Focusing on the Role of Land Reform and Industrial Policy*. In Annual Conference of the Association for Asian Studies.

Jong – Sung, Y. , and Khagram, S. , 2005, "A comparative study of inequality and corruption," *American Sociological Review*, 70 (1) , 136 – 157.

Kim, J. I. , and Lau, L. J. , 1994, "The sources of economic growth of the East Asian newly industrialized countries," *Journal of the Japanese and International Economies*, 8 (3) , 235 – 271.

KISDI (Korea Information Society Development Institute, 2003, "IT industry outlook of Korea 2003", accessed at http: //61. 107. 111. 10/admin/upload/it_ industries. pdf

Kranton, R. , 1996, "Reciprocal Exchange: A Self – Sustaining System", *American Economic Review*, 86, No. 4: 830 – 851.

Krugman, P. , 1994, "The myth of Asia's miracle", *Foreign Affairs*, 62 – 78.

Krugman, P. , 1999, *What Happened to Asia*, Springer US.

Kuznets, S. , 1957, "Quantitative aspects of the economic growth of nations:

II. industrial distribution of national product and labor force," *Economic Development and Cultural Change*, 1 – 111.

Langworth, R. M., 2011, *Churchill by Himself: the Definitive Collection of Quotations*. Public Affairs.

Lardy, N. R., 2007, "China: Rebalancing Economic Growth," in *China Balance Sheet and Beyond*, Center for Strategic and International Studies and Peterson Institute for International Economics.

Li, Hongbin and Li – An Zhou, 2005, "Political Turnover and Economic Performance: the Incentive Role of Personnel Control in China," *Journal of Public Economics*, 89, 1743 – 1762.

Li, S., 2003, "Relation – based versus Rule – based Governance: an Explanation of the East Asian Miracle and Asian Crisis," *Review of International Economics*, 11 (4), 651 – 673.

Lin, J. Y., and Liu, Z., 2000, "Fiscal decentralization and economic growth in China," *Economic Development and Cultural Change*, 49 (1), 1 – 21.

Linz, J. J., 1988, "Legitimacy of democracy and the socioeconomic system," *Comparing Pluralist Democracies*, 65 – 113.

Lu, Ming and Zhao Chen, 2006, "Urbanization, Urban – Biased Policies and Urban – Rural Inequality in China: 1987 – 2001," *Chinese Economy*, 39 (3), 42 – 63.

Martinez – Vazquez, Jorge and R. M. McNab, 2003, "Fiscal Decentralization and Economic Growth," *World Development*, 31, 1597 – 1616.

Meng, Xin, 2007, "Wealth Accumulation and Distribution in Urban China," *Economic Development and Cultural Change*, 55 (4), 761 – 791.

MIC (Market Intelligence Center), 2004, *Annual Report on Taiwan's Information Industry* 2003 [in Chinese] (Taipei: MIC).

Morduch, J. and T. Sicular, 2001, "Risk and Insurance in Transition: Perspectives from Zouping County, China," in *Communities and Markets in Economic Development* (Aoki, M. and Y. Hayami eds.), Oxford University Press.

Myerson, R. B., and Satterthwaite, M. A., 1983, "Efficient mechanisms for bilateral trading," *Journal of Economic Theory*, 29 (2), 265 – 281.

Myerson, Roger, 2004, "Justice, Institutions and MultipleEquilibria," Working

Paper, University of Chicago.

Naughton, Barry, 2007, *The Chinese Economy: Transition and Growth*, MIT Press.

Noland, M. , and Pack, H. , 2003, *Industrial Policy in an Era of Globalization: Lessons from Asia* (Vol. 69), Peterson Institute.

North, D. , 1990, *Institutions, Institutional Change and Economic Development*, Cambridge University Press.

North, D. C. , Wallis, J. J. , and Weingast, B. R. , 2006, "A conceptual framework for interpreting recorded human history" (No. w12795), National Bureau of Economic Research.

Olson, Mancur, 1982, *The Rise and Decline of Nations: Economic Growth, Stagflation, and Social Rigidities*, Yale University Press.

Pack, H. , 2001. *Technological Change and Growth in East Asia: Macro versus Micro Perspectives*. Rethinking the El ast Asian Miracle, 95 – 142.

Poncet, Sandra, 2003, "Measuring Chinese Domestic and International Integration", *China Economic Review*, 14 (1), 1 – 21.

Qian, Y. , and Weingast, B. R. , 1997, "Federalism as a commitment to perserving market incentives", *The Journal of Economic Perspectives*, 11 (4), 83 – 92.

Raiser, M. , 1998, "Subsidising Inequality: Economic Reforms, Fiscal Transfers and Convergence across Chinese Provinces," *Journal of Development Studies*, 34 (3), 1 – 26.

Rajan, R. G. , and Zingales, L. , 2004, *Saving Capitalism from the Capitalists: Unleashing the Power of Financial Markets to Create Wealth and Spread Opportunity*, Princeton University Press.

Rodrik, D. , 2008, "Normalizing Industrial Policy," International Bank for Reconstruction and Development, The World Bank.

Roland, Gérard, 2004, "Understanding Institutional Change: Fast – Moving and Slow – Moving Institutions," *Studies in Comparative International Development*, 38 (4), 109 – 131.

Schelling, Thomas, 1960, *Strategy of Conflicts*, Harvard University Press.

Sokoloff, K. L. , and Engerman, S. L. , 2000, "History lessons: Institutions, factors endowments, and paths of development in the new world," *Journal of Econom-*

ic Perspectives, 14 (3), 217 – 232.

Stiglitz and Yusuf, 2001, *Rethinking the East Asian Miracle*, Oxford University Press.

Stiglitz, J. E. , 2002, *Globalization and Its Discontents* (Vol. 500), New York: W. W. Norton.

The Economist, 2006, "Slow! Government obstacles ahead: Infrastructure in Latin America (Latin America's Infrastructure Deficit)," June 17.

Tiebout, C. M. , 1956, "A Pure Theory of Local Expenditures," *Journal of Political Economy*, 64 (5), 416 – 424.

Tsai, K. , 2002, *Back – Alley Banking: Private Entrepreneurs in China*, Cornell University Press.

Wade, R. , 1990, *Governing the Market: Economic Theory and the Role of Government in East Asian Industrialization*, Princeton University Press.

Wade, Robert, 1990, *Governing the Market*, Princeton University Press.

Wang, J. H. , 2007, "From technological catch – up to innovation – based economic growth: South Korea and Taiwan compared," *Journal of Development Studies*, 43 (6), 1084 – 1104.

Wang, Yongqin, 2007, "Interlinking Markets, Relational Contract and Economic Transition," *Studies in Regional Development*, 39 (1), 161 – 187.

Wang, Yongqin and Ming Li, 2008, "Unraveling the Chinese Miracle: A Perspective of Interlinked Relational Contract", *Journal of Chinese Political Science* (Springer), 13 (3): 269 – 285.

Weitzman, M. , and Xu, C. G. , 1992, "Vaguely Defined Cooperatives and Cooperative Culture: A Reconciliation of Paradoxical Phenomenon in Transitional Economics," Harvard – Institute of Economic Research.

World Bank. , 2001, *East Asian Miracle: Economic Growth and Public Policy*. World Bank Group.

Xu, C. , 2011, "The fundamental institutions of China's reforms and development," *Journal of Economic Literature*, 49 (4), 1076 – 1151.

You, J. S. , 2011, *Transition from a Limited Access Order to an Open Access Order: The Case of South Korea*. In North, D. C. , Wallis, J. J. , Webb, S. B. and Weingast, B. R. , 2012, *In the Shadow of Violence: The Problem of Development for*

Limited Access Order Societies, Cambridge University Press.

Young, Alwyn, 1994, "Lessons from the East Asian NICs: a contrarian view," *European Economic Review*, 38 (3), 964 – 973.

Young, Alwyn, 2000, "The Razor's Edge: Distortions and Incremental Reform in the People's Republic of China," *Quarterly Journal of Economics*, CXV, 1091 – 1135.

Zhang, T., and Zou, H. F., 1998, "Fiscal decentralization, public spending, and economic growth in China", *Journal of Public Economics*, 67 (2), 221 – 240.

Zhao, D., 2009, "The mandate of heaven and performance legitimation in historical and contemporary China," *American Behavioral Scientist*, 53 (3), 416 – 433.

陈剑波, 1995,《乡镇企业的产权结构及其对资源配置效率的影响》,《经济研究》第 9 期。

戴园晨, 2005,《迂回曲折的民营经济发展之路——"红帽子"企业》,《南方经济》第 7 期。

邓曲恒、古斯塔夫森, 2007,《中国的永久移民》,《经济研究》第 4 期。

丁宁、王有贵, 2005,《中国家户收入流动及其构成》, 中国经济学年会会议论文。

董向荣, 2007,《韩国由威权向民主转变的影响因素》,《当代亚太》第 7 期。

费孝通, 1985,《乡土中国》, 三联书店。

傅勇、张晏, 2007,《中国式分权与财政支出结构偏向：为增长而竞争的代价》,《管理世界》第 3 期。

金煜、陈钊、陆铭, 2006,《中国的地区工业集聚：经济地理、新经济地理与经济政策》,《经济研究》第 4 期。

科尔内, 1986,《短缺经济学》, 经济科学出版社。

李爽、陆铭、佐藤宏, 2007,《权势的价值：中国的市场化改革与党员身份、社会网络的回报》, 复旦大学工作论文。

李新春、张书军, 2005,《家族企业：组织、行为与中国经济》, 上海三联书店。

林毅夫, 2007,《潮涌现象与发展中国家宏观经济理论的重新构建》,《经济研究》第 1 期。

林毅夫、蔡昉、李周，1999，《比较优势与发展战略》，《中国社会科学》第 5 期。

林毅夫、任若恩，2006，《关于东亚经济增长模式争论的再探讨》，北京大学工作论文。

林毅夫、任若恩，2007，《东亚经济增长模式相关争论的再探讨》，《经济研究》第 8 期。

林震，2004，《论韩国现代化进程中的财阀问题》，《亚太经济》第 2 期。

卢锋、姚洋，2004，《金融压抑下的法治、金融发展和经济增长》，《中国社会科学》第 1 期。

陆铭、陈钊，2004，《城市化、城市倾向的经济政策与城乡收入差距》，《经济研究》第 6 期。

陆铭、陈钊，2006，《中国区域经济发展中的市场整合与工业集聚》，上海三联书店、上海人民出版社。

陆铭、陈钊、严冀，2004，《收益递增、发展战略与区域经济的分割》，《经济研究》第 1 期。

陆铭、陈钊、张爽，2007，《公有制理想的代价——腐败与企业转制的中国案例》，复旦大学工作论文。

陆铭、陈钊、张爽，2009，《公有制理想的代价——腐败与企业转制的中国案案例》，《南京大学学报》第 2 期。

陆铭、张爽，2006，《离开了土地，却未离开家乡——中国农村的公共信任与劳动力流动》，复旦大学工作论文。

马拴友、于红霞，2003，《转移支付与地区经济收敛》，《经济研究》第 3 期。

毛泽东，1976，《论十大关系》，人民出版社。

庞建国，1997，《国家在东亚经济转化中的角色》，载《奇迹背后：结构东亚现代化》（罗金义、王章伟编），牛津大学出版社。

曲凤杰，2006，《韩国金融开放的经验和教训》，《新金融》第 8 期。

世界银行，2003，《改善投资环境，提升城市竞争力：中国 23 个城市投资环境排名》，世界银行研究局（杜大伟、王水林、徐立新、时安卿执笔）。

世界银行，1995，《东亚奇迹：经济增长与公共政策》，中国财政经济出版社。

斯蒂格利茨、优素福、王玉清、朱文晖，2003，《东亚奇迹的反思》，中国人民大学出版社。

王平、李文杰，2001，《台湾经济发展之过去现在与未来》，《湖北省社会主义学院学报》第 1 期。

王永钦，2006，《市场互联性、关系型合约与经济转型》，《经济研究》第 6 期。

王永钦、李明，2008，《理解中国的经济奇迹：互联合约的视角》，《管理世界》第 10 期。

王永钦、张晏、章元、陈钊、陆铭，2007，《中国的大国发展道路：论分权式改革的得失》，《经济研究》第 1 期。

王永钦，2009，《大转型：互联的关系型合约理论与中国奇迹》，格致出版社．

吴敬琏，2003，《当代中国经济改革》，上海远东出版社。

张维迎、栗树和，1998，《地区间竞争与中国国有企业的民营化》，《经济研究》第 12 期。

张晏，2005，《标尺竞争在中国存在吗？——对我国地方政府公共支出相关性的研究》，复旦大学工作论文。

张晏、龚六堂，2005，《分税制改革、财政分权与中国经济增长》，《经济学（季刊）》第 1 期。

赵放，2001，《日本市场经济制度研究》，吉林大学出版社。

周黎安，2004，《晋升博弈中政府官员的激励与合作》，《经济研究》第 6 期。

·附　录·

　　2012 年初，于上海召开了针对本书初稿的专题研讨会，与会学者发表了非常有价值的评论，兹将部分学者的发言记录整理附录于后，以飨读者。

——编者

脱嵌问题是社会转型问题

郭定平[*]

关于东亚模式的研究，当然是很重大的课题，我也非常感兴趣，也作过一些个别的探讨。今天，从这个角度作了分析和解释，我个人感到启示很多，受益匪浅。怎么样对传统的经典的东亚模式作一个理论上的说明，建立一整套的分析框架，对这个模式后来所发生的一系列的变化、变革，模式转型的过程也进行一些解释和说明，特别是从理论上作一个一以贯之的说明，我觉得这是一个很大的挑战。我个人认为，需要进一步研究和搞清的问题有这么几个方面：

第一，对经典模式的解释。你特别强调了关注自主性和嵌入性的分析框架，在这个基础之上来解释东亚的经典发展模式。这是非常对路的，非常重要的，基本上也能够说明东亚发展的基本问题。这里面最关键的，从经济学的角度来说，是说经济嵌入到政治社会体系当中，我们从政治学角度的说法是完全相反的；我们说是政治嵌入到社会经济当中，但本质是一样的。政治在介入社会经济事务当中，特别是在深度介入的同时，它怎么样能够维持自己的独立，不被一些社会利益集团所俘获，然后自身也保持清正廉洁，光明正大，这是一个很关键的问题。我个人感觉，书中对此现象有比较好

* 复旦大学国际关系与公共事务学院政治学教授。

的说明；但是怎么样从理论上把这个现象解释清楚，理论说服力还有点欠缺。比如自主性，政治在介入到社会经济的事务当中怎么样能够维持自主性，是哪些因素保持了它的自主性。当然，从政治学的角度来研究，这个国家自主性有好几个方面，研究国家自主性的时候，也讲官僚的自主性，这二者是不是一回事，它有什么联系，有什么区别？然后，这个自主性怎样维持？从政治学的角度来说，我们讲自主性的维持也有很多不同的方面，动力机制来源有很多不同的方面。比如，从中国的传统文化上也可以作解释。在东亚地区，过去国家官僚在社会当中处于支配地位，渗透性很强，介入性很深。更重要的是，你强调不够的是国际背景。讲东亚政治，我一直有个非常明确的观点，东亚战后创造奇迹发展这么快，在很大程度上是一个偶然现象，它取决于当时、当地的很多非常特殊的背景，特殊的情况，这种情况在别的地方找不到，过去也没有，以后也不会有。这里面估计有很多的东西，包括跟国家自主性相关的东西，包括跟嵌入性相关的东西，这个是不是可以进一步发掘？

比如冷战背景，美国跟东亚这些国家和地区的特殊关系。这个过去没有，估计以后也没有，在特定的历史时期形成这么一种特殊的关系，变了就变了。这种关系究竟影响到什么程度，我觉得这是需要进一步分析和说明的。我特别想说的是，在解释经典的东亚模式过程当中，用自主性嵌入性的分类模式分析框架，怎么样把我们需要考虑到的，或者大家讲得比较多的主要因素，都能够纳入到它的分析框架当中来，这样虽然不是十全十美的，但是大的方面不至于有明显的遗漏。

第二，特别强调所谓的脱嵌问题。脱嵌问题，在我的一些文章和著作里面也是非常明显的主题，就是讲模式转型。在传统的东亚经典模式转型中，经济模式有个转型的问题，政治模式也有个转型的问题。脱嵌的问题从这个角度来说明，非常好，很有启示。我个人感觉，这个转型，特别是在以日本和"亚洲四小龙"为主的这些国家和地区，实际上是一个渐进的长期的过程。在这个过程当中，到目前为止还存在很多问题。前两年我写过一篇文章，是讲日本的，我直接称之为转型危机。从你的角度也可以讲脱嵌危机。传统的模式形成这么一个模式，高嵌入性，而高嵌入性的风险是很大的。实际上，随着时代的发展，我们需要更加反省过去高嵌入性的负面影响。比如，韩国在朴正熙统治时期，推动经济快速发展，后来韩国政治转型以后，大家提出那么多的问题，特别是从政治角度讲，违反人权的问题，包括光州事件，这在传统的背景下想也想不到的，重点不一样，关心的角度不一样。我们对过去的模式也要反省，牺牲个人特别是牺牲人权来追求的发展，它在多大程度上是真正意义上的发展，是有益的发展和健康的发展？我觉得，对脱嵌的解释，这里面有很多问题可以作更加深入的探讨，特别是分析脱嵌过程的复杂性、渐进性、曲折性。

比如，在 20 世纪 80 年代，日本也是在一个大的国际背景下推动经济自由化改革的。我们研究日本的时候，说他们提出了大国目标，进行了一些改革。我们放眼世界，日本启动改革是在当时大的国际背景下进行的，当时称之为新保守主义。实际上，我们后来用的概念叫新自由主义，与当时讲的新保守主义基本上是一致的。这样的改革是不断推进的，到桥本龙太郎时期，到新世纪的小泉纯一郎时期，改革的核心精神有相互继承的方面，当然这里面有很多反复，特别是要联系到政治的话。就日本的案例来说，日本在 1993 年之后，推动政治改革力度还是很大的，但是产生的问题也是非常严重的。不能说他们改革设计得不好，我们讲制度分析里面有一个很重要的概念，说制度改革有意外后果。日本在 1993 年之后推动政治改革，他们认真地研究英国制度，小泽一郎专门派代表团到英国去考察，要把日本的制度怎么样导向到两党政治，后来确实是出现两个大的政党，比如，民主党也上台了，这个方面基本上是顺利的。但是他们没想到，两党政治在日本的运作，跟在英国和美国完全不一样，最根本的体现就是，英国、美国两党斗争归斗争，实际上有很多妥协和合作；但在日本，妥协和合作远远没有表现出来，更多的是一种不妥协不合作，产生僵局。这个对于经济发展和经济恢复影响极大。还有一个跟其他两党政治国家不一样的现象，日本在没有大选的情况下，首相换来换去的，在我看来这是不符合民主精神的。大选的时候，政党和政党领袖基本上是连在一起的，对选民是有一个承诺的。没过多久，由于党派斗争把首相就换掉，这当然跟日本非常脆弱的民众心态是有关系的，他们不断地进行一些舆论调查，一有点什么事情就进行舆论调查，用这个调查结果打击对手，互相攻击，然后开始换人。所以，这个脱嵌的问题有很多意外的后果。

还有一个很重要的问题就是官僚。日本在整个的改革过程当中，总体的方向是怎么样削弱官僚的地位和影响，削弱它的权威。他们不是强调政治领导吗？没想到现在产生一个非常严重的意外后果，就是官僚出现了某种衰败趋势，包括整个的工作热情、工作能力，这个对日本的影响也非常大。所以，我觉得，在研究过程当中，类似这样的问题怎么样能够进一步深化，对于我们理解东亚模式有很大的意义。还有一个很重要的问题，涉及中国跟东亚模式的比较，在我的有些文章当中也提到类似的问题。我有一个非常明确的观点，中国跟经典的东亚模式差别极大，需要从这个角度来考虑我们新的改革议程问题。不管是从过去的路径来看也好，还是从现在产生的问题来看也好，均不能同日而语。这是我的一个基本看法。

简而言之，比如嵌入性的问题，中国在改革开放之前所形成的体制，用过去王沪宁同志在复旦大学做研究时的观点，是一种高度一体化的体制。他用的概念是叫党政一体化、政经一体化、政社一体化，那个嵌入性是已经嵌入到无以复加的程度。从某种意义上讲，我们改革开放一启动就是我们在脱嵌。同时，有人说，改革开放之后，我们在建立某种东亚模式，这个就说不通了。所以，我觉得，要从一个全新的视角来理解中国发展道路和模式，以及理解中国发展道路和模式跟传统的经典的东亚发展道路和模式的主要区别，然后，在这个基础之上来启动中国的新的改革议程。

要注意研究"入嵌"
与"脱嵌"的环境

陈建安 *

总体的感觉，王永钦有一个理论的框架，然后把一些内容装进去。我觉得，这是现在主流的研究方法，这种方法本身没有太大的问题。因为研究方法有好几种，一种是先有研究框架把内容装进去，另外一种是先有内容以后提炼成框架，这两种方法都是可以的。但问题是，这之间怎么衔接，可能是我们学界要重点解决的问题。

先从题目开始，东亚模式是一个很老的题目。我研究这个题目最早是20世纪80年代初，当时中国改革开放刚刚开始，要学国外的一些经验，选择了当时的东亚，先是研究日本，然后是"亚洲四小龙"，再后来是"亚洲四小虎"。当时，我也写了很多东西，做的第一个项目就是这个题目，是教育部的青年基金赞助的。这可能是第一个高潮。第二个高潮是在90年代中期，也就是世界银行发表了关于东亚奇迹的报告，克鲁格曼写了跟这个报告不同认识的一些研究论文之后，特别是1997年发生金融危机，大家又开始研究这个题目。当然，我也参与研究了，也写了一些东西，对过去"东

---

* 复旦大学经济学院教授。

亚模式"的一些反思，从政治层面、经济层面作了一些分析。比如，当它的环境发生变化以后，它的经济体制、政治体制没有跟着进行转型，因此导致了1997年发生的金融危机。所以，这是一个很老的题目，今天新做的话，当然有它的另外一层意义。我理解，你的意思是要从政治体制改革的角度来研究。因为过去研究经济比较多一点，即使1997年金融危机发生以后，也更多是从经济体制进行研究的，并没有对政治体制本身提出很多质疑。我觉得，政治体制的转型没有跟上环境的变化，也许是研究东亚制度变迁的重要方面。所以，我认为，通过老题新做有几个方面要很好把握。

第一，要充分注意到环境，为什么会出现嵌入？或者是政府介入到经济领域，然后是经济或者是企业介入到政治领域，为什么会出现这样的一种情况？实际上，我是不用介入这一词的，其实在日本也好，韩国也好，新加坡也好，这不是一种嵌入，或者是介入，而是一种协调，这一点表现得非常突出。东亚成功最大的特点，在于这两者之间协调得很好。可以说，形成了一种新的、在英美等西方社会无法理解的特殊的市场经济体制，我一直是这么认为的。所以，这样的一种嵌入或者是介入的方式，我们在研究东亚模式的时候要给予充分的注意。

第二，刚才讲到了冷战的环境，除了这个之外，从经济层面上讲，二战以后，一个资源相对稀缺的国家去发展经济，是很困难的。另一方面，有很多发达国家可以成为它的榜样，可以拿来参考。在这样的一种环境下，怎么使得相对稀缺的资源发挥最大的效用，决定了政府必须要介入到资源分配当中，不仅是行业之间的资源分配，同时也介入到产业内资源的配置当中。最典型的就是日本、韩国，包括早年的中国台湾。所以，我觉得，对这些环境的分析，可能是做这个题目的基本的出发点。王永钦的研究可能跟我所了解的有一定的距离，而且你只是做了一个战后初期的，比如土地改革那段。后来的工业化过程、工业化基本完成以后，这个过程当中体制机制的转型，则较少涉及，我觉得当中脱节了。其实，脱嵌并不是从 1997 年开始，而是从 70 年代一直延续到现在，你要把这个过程很好地描述出来。假如你不描述出来，只是用了一个框架把内容装进去，而且内容不充分的话，那没有说服力。

第三，脱嵌是如何产生的？这是一个很关键的问题。也就是说，为什么会提出体制必须要转型。现在学界没有注意的背景，我觉得应该特别强调。工业化完成以后，资源从过去相对稀缺变得相对过剩，主要是资本相对过剩，这是一个环境的变化。另外一个是人口越来越老龄化，这个问题假如今天不去研究的话，而要去研究体制转型，是不可能的。为什么？资源过去相对稀缺，因此政府可以来配置，而且参与资源的配置，有很多已经走在我们前面的国家可以作为参考。当你工业化完成以后，跟一些英美发达国家平起平坐以后，你失去了方向，政府要来参加配置资源，就没有经验可以借鉴。这是脱嵌的一个原点。再就是人口的老龄化问题。产业工人里面年轻人越来越少，社会当中要来消费的人越来越多，劳动生产率在下降，面对这样的一种情况，你必须要调整你的经济结构、产业结构，还有你的政治体制，你要去适应这样的环境变化。所以，做这样的题目，必须要分析脱嵌的环境，而当时为什么要嵌入的那个环境，这是最大的一个问题。

同时，脱嵌之后所产生的很多社会政治经济问题，能否进一步说明嵌入和脱嵌的历史必然性，我觉得，这是老题新做的一个重要方面。脱嵌以后，政治或者是经济越来越市场化，产生了一些负面影响，和东亚这样的社会传统格格不入。最近几年，无论是韩国也好，日本也好，基尼系数在提高，社会搞得非常紧张，劳动者和所有者之间的关系非常紧张，各个党派之间紧张，劳动者内部也非常紧张。分析脱嵌之后所产生的问题及与东亚传统文化的相容性，这也许是此项目的另一个重点，而不仅仅是停留在对过去历史的诠释上。

从干预向市场模式转型的条件

马　骏[*]

　　王永钦的书中有一个示意图，提供了一个很好的分析框架，简单明晰，说明了在什么条件下东亚模式，即政府干预模式，才能工作。这些条件就是：（1）政府要有政治上的自主性，独立于利益集团；（2）市场机制不太成熟。在这种情况下，政府通过动员配置，组织资源，有效推动经济发展，达到的效果就优于完全放任的自由经济。我想针对这张图讲一些观点。

　　第一个观点是，政府的这种自主性不是永远存在的，独立于利益集团的自主性可能会退化、弱化，甚至变成与利益集团勾结后的腐败。随着时间的迁移，随着经济发展程度的变化，市场对官员诱惑力大大增加，自主性很可能会消失掉。在延安时代，有外国记者到延安去采访共产党人，后来跟宋美龄讲，延安人非常清廉。宋美龄作了这么一个评论，大意是：如果你讲的是对的话，那是因为共产党还没有尝到掌权的甜头；到了掌权的阶段，他自然会腐败的。从经济学的角度解释，在经济发展的早期，没有什么太多的腐败机会，因为资源非常有限，所以比较容易建立一个清廉的自主政府来推动经济高速增长。但是到了现在，许多政府官员手里的权力大到

让他自己无法想象，如果你批一个项目，意味着对方将获得几个亿的收入，跟自己一年 10 万的收入相比，那是千几百倍的反差，诱惑太大。在这种情况下，继续保持自主性就很难，即自主性会退化。王永钦在那张图里面，似乎是想说明，可以从东亚、中国自主干预的模式，即清廉干预的模式，比较自然地转变为欧美不干预的模式。但我觉得，这种横向的转变可能不是很容易发生的，是需要有许多内部和外部条件的。纵向的转变，也就是从自主干预模式掉到那个拉美陷阱，即过度干预后导致腐败，从而抑制增长的可能性更大。

第二个观点是，脱嵌，也就是从干预到非干预模式的转化，有时候需要外部的推动力或者国内非政府、市场派力量的推动。在 1998 年前后，我参与了 IMF 对东亚金融危机以后的一些救助和干预。当时，对像韩国等这样的国家来说，外部力量在推动市场化改革时起了决定性的作用。因为这些危机国家在那个时候，除了 IMF 是没有任何人会给它钱的。只有 IMF 给钱救它，避免了整个经济、政府的崩溃。为了获得这些援助，它被迫要接受 IMF 提出的各种各样的改革要求，包括打破财团垄断、金融自由化，资本项目的开放、利率改革、私有化等等。可以想象，在正常的经济情况下，这些市场化的改革是会面临来自国内利益集团，包括部分政府官员和享有垄断地位财团的巨大阻力的，获得这种外部力量是十分偶然的事情。从这个意义上来讲，脱嵌不一定是必然发生的，而不发生的话，就可能蜕变成"腐败"的模式。

如果没有外部力量来推动市场化改革，也可能会有国内来自体制外的推动力，尤其是代表非国有企业和消费者的市场力量所起的作用。20 世纪 80 年代，中国台湾的社会转型，与蒋经国的开放态度有关。此后，许多非政府组织在政府权力监督、社会评价、社会沟通等方面，为政府与企业、政府与社会之间充当桥梁，成为推动打破垄断、开放准入等改革的重要推动力量。当然，如果政府对社会的现代性持恐惧心态的话，依靠非政府力量来推动脱嵌的过程就可能不发生，甚至会倒退。这也反映了脱嵌在另一个意义上的非必然性。

第三个观点是，资本市场成熟度和技术复杂性的提高，是脱嵌的必要条件，但不是充分条件。第一，资本市场本身的成熟性是脱嵌的必要条件之一。在早期，很多人吹捧东亚模式，一个原因是没有发达的资本市场，资本市场基本没有配置资源的功能。因为政府能把资源迅速集中到一些产业、企业当中去，让它成长得很快，所以干预模式就显示了优势。如果没有这个干预的话，作为一个东亚小国，就很难在全球的开放市场上竞争；因为都是很分散的中小企业，无法形成规模效益和创新能力。而政府来组织资源，政府通过财税政策、通过指导银行，可以组织起比较大的在国际上有竞争力的企业。但是，一旦资本市场发展起来以后，资本市场就可以干这个事情了，不需要你政府组织资源了，因为资本市场一般比政府更聪明。因此，这就赋予了干预在理论上的必要性，同时也隐含了干预退出的前景。第二，市场产品的复杂化。20 世纪 50 年代市场、产品、规划都比较容易做，就这么一些简单的产品，满足基本需求的产品。一些重工业，比如钢铁、水泥等，一些有普通智商的官员都可以看到这个市场，他知道需要在哪里，应该如何规划。现在就不一样了。现在许多产品和市场变得非常复杂和多样化，甚至连许多专业人士都看不懂，更不要谈政府官员了。在这种情况下，官员无法预测市场的前景，无法制定出有效的产业政策来重新整合资源，即使制定出来产业政策，也很可能是错的。产品和市场的复杂化导致了政府干预的失败可能性增加，这也成为一个要脱嵌的必要条件。

但是，上述条件虽然构成了脱嵌的必要条件，但还不足以构成充分条件。要变为一组充分条件，还需要政治层面的因素。比如上面所讲的外部力量的推动，国内非政府、市场力量的推动等，来破除对改革的阻力。这些政治条件具有一定的偶然性，当然如果主动去考虑，也是可以培育的。比如，利用外部压力来推动市场化改革，在中国叫作"以开放促改革"，中国加入 WTO 就是历史上的一个成功案例，以后还可以用。在加大非政府机构的作用方面，如果决策层主动有序地开放对非政府组织的禁令，是可以有效地提升市场化改革的正能量的。

中国与东亚国家社会转型的差别

韦　森[*]

　　王永钦的这项研究背景，与秦晓这些年呼吁的中国社会现代性转型是联系在一起的。我们讲"脱嵌"，实际上，是从一个传统社会怎么走向一个现代社会，走向一个良序的和法治化的市场经济。东亚的经验是很重要的。中国未来的社会转型，即使想走英美模式也走不了，想走欧洲各国的发展也可能走不了，最能参考的，可能就是东亚模式和东亚社会的现代转型之路。这是第一点。

　　第二点，牵扯到一个经济学的话语问题。在中国社会转型的历史关头，我们经济学人和社会科学工作者，应该能够用最通俗的语言把现代社会的转型讲清楚，让一个高中生都知道一个良序社会要具备这些基本条件，从而理解现代良序社会运行的基本原理。当然，王永钦的这个研究项目是比较理论化的，用了经济学和社会学的一些抽象术语。我想，能不能在未来的研究中，把你的这套话语体系尽量往通俗化靠，让大众乃至社会各界都能明白。

　　第三，中国社会跟东亚各国和地区的差距实际上也很大。尽管东亚各国和地区在 20 世纪 60 年代到 80 年代经济起飞的阶段都有一个强政府，有一双政府"help - hands"，而不是"掠夺之手"，但不像我们中国大陆现在这样，政府是市场经济的直接参与者。东亚社会

---

　　*　复旦大学经济思想与经济史研究所所长。

跟西方社会的差别在于什么呢？用王永钦的话语说，是经济活动嵌入到社会关系里面。中国社会现在最大的问题和危险是什么？整个社会是越来越被嵌入到政府的行政控制机制之中。近几年来，中国财政收入在猛涨，政府和国有部门掌握的资源越来越多。在刺激经济增长的宏观经济活动中，大多数贷款都到了政府所主导的投资和国有部门去了。现在，政府不但是市场运行和社会活动的规则制定者，是"裁判员"，而且本身是市场运行的最大参与者，也是"运动员"。政府的资产越来越庞大，掌握可配置资源越来越多，你说这是"脱嵌"还是"入嵌"？一定要看到我们国家与东亚诸社会的差别，我们是政府越来越进入了市场，在统辖市场，而不是从市场中"脱嵌"。东亚诸社会的转型，仅仅是从关系社会走向一个现代社会，用一个社会学家滕尼斯的说法，就是从"礼俗社会"走向一个"法理社会"，或者用马克斯·韦伯的说法，从一个传统社会走向一个现代社会。这里面讲"脱嵌"也好，讲现代社会转型也好，很重要的一点，是东亚完成了民众的个人主义的兴起，权利意识的觉醒，这是最重要的。市场来了，人们个人权利意识自我会觉醒，法治意识会增强，这是一个社会走向一个抽象社会和现代社会的必要社会基础。事实上，就处理人们的经济与社会关系而言，是用理性的法律法规来调节，而不是通过过去关系和礼俗来调节，这是东亚诸社会"脱嵌"的实质。

然而，中国的问题是，中国经济怎样从行政控制体制中脱嵌出来，走向一个法治化的市场经济？这才是中国改革和社会转型的根本性问题。另一方面，中国经济市场化了，尽管政府和国有部门都参与其中，但与东亚社会和任何一个现代社会一样，市场化到来之后人们的平等和权利意识会觉醒，个人主义会崛起，社会成员诉诸法律来保护自己权利的意识也会自然觉醒。这一点，在当今中国社会与东亚社会应该是一样的。但是另一点，我们的确与东亚社会有很大的不同，我们与东亚社会转型的初始基本条件有哪些差别呢？实际上，这些初始条件将决定中国未来的发展道路和社会转型之路。我觉得，这些才是值得深入考虑和研究的真问题。

中国和东亚模式是截然相悖的两条路

方　钦[*]

　　关于东亚模式的研究，首先是嵌入性经济的定义。一开始，我看这个概念的时候，还有些糊涂，因为我最初反应的是卡尔·波兰尼（Karl Polanyi）提出的"嵌入"概念。按照他的说法，所谓现代社会是经济关系嵌入到政治和社会领域，而传统社会应该是政治、社会关系嵌入到经济。经济是附属于政治、社会关系，或者说，政治、社会关系是嵌入到经济关系当中去的。而今天永钦谈的内容，刚好跟他的定义是反过来的。就像秦晓老师说的，在现实社会，所有社会发展模式之中，政治、经济、社会结构这三者之间是从来不可能相区分的，或者说按照 John Wallis 的定义，传统社会和现代社会之间的差别，只不过就是在传统社会当中是政治关系操控经济关系，而在现代社会当中是经济关系操控政治关系。按照我对你以前研究领域的了解，你说的"嵌入"应该是对前一种关系的定义，也就是说政治权力操控经济和社会文化，应该是这样一个定义。

　　其次，东亚模式的嵌入程度和中国相比要弱很多，它缺少中国传统社会特有的结构。其实，在我的理解当中，这一点是东亚经济

---

　　[*]　复旦大学经济学院讲师。

能够脱嵌的很重要的因素。中国传统经济社会的主要特征，其一是中央权力的集中，其二则是与之相辅相成的儒家宗法社会结构。这两者东亚社会在几千年中远不能与中国社会相比。在过去，东亚社会都是跟着中国的模式走的，包括集成宗法结构，以及一种中央权力的集中趋向。当然如果说中国跟东亚相比较究竟差别多少，我们很难用量化的数据来表示。最后还有一点，除了中央和地方这两种结构治理，以前韦伯在研究中国时就发现，中国的传统社会很早就出现一种治理模式，我们这里理解不是政治上的意思，而是一种资源安排的方式，一种控制、掌握、处理、分配资源的方式。中国至少从秦开始，对于经济资源掌控就非常强，而它的安排非常有效率。但在东亚其他国家，从历史来看，从来没有达到过像中国这样的效率；或者说，对于资源掌控的控制模式没有达到这种效率。

在近代化转型过程中，当市场来了，一旦有一种更好的安排经济资源的方式，对于这些东亚国家来说，它们很容易转到另外一条模式上。但对于中国来说，反而是国家政治控制经济的力量，可以利用市场进一步嵌入到经济关系当中去，而把资源掌控得更加严密。在这一点上，中国和东亚模式是截然相反的两条路，东亚模式在脱嵌方向上，有着比中国幸运的一面，而中国在这方面实际上是现在要处理的最大的一个问题。

"入嵌"易,"脱嵌"难

——"发展主义政府"的转型困境

秦 晓[*]

王永钦"东亚模式的脱嵌"这部专著通过经济学的分析,论证政府主导经济模式"入嵌"的合理性和"脱嵌"的必要性。我认为,他的逻辑框架基本上是成立的,但存在不足和缺陷;实证研究更多的是验证"入嵌"的合理性,而未充分揭示"脱嵌"的困境。下面简要提出几个问题。

一 关于经济学分析工具的运用

王永钦论证的经济学方法,一是新古典关于"看得见和看不见两只手"的配置,即在发展中国家政府可以模拟、替代市场,以提高调动资源的能力;二是制度经济学中"交易费用理论",即在市场不发育的阶段,集权的制度可以降低经济活动,特别是各种契约的交易费用。

第一个问题是经济学中一直存在争议的理论问题,从哈耶克到凯恩斯,可以展现出一个不同观点、不同取向的光谱。用光谱来表

---

[*] 招商局集团原董事长。

述，是因为这些不同观点都是建立在一些基本的共识上，如政府干预、纠正市场失灵的范围、边界和成本。布坎南的"公共政策选择理论"更进一步揭示了政府存在自身的特殊利益，其目标函数是追求选票极大化而不是社会福利极大化，这就需要民主、法治的制度约束。东亚模式中政府对市场不仅仅是干预、纠正，而是某种程度的替代。虽然这是历史和现实中的存在，但目前关于"发展主义政府"的研究多是批判性的，正面的、规范性的理论尚未建立起来。要建立起这样一个理论，核心是设立一组新的假设，包括政府（精英）的开明、政策选择的理性及对自身利益的超越。这些假设在现实中可以找到案例，但在理论上难以成立，也不具备现实的普遍意义。

第二是制度经济学，"交易费用理论"是新制度经济学分析经济现象的最基础的元素，但仅仅用交易费用来判定制度的优劣是不充分的，决定经济增长的基础是生产效率，即经济规模、劳动生产率、要素成本等，在此基础上再引入制度的交易费用。集权体制最大的问题是压抑了市场参与者的积极性，这种体制下交易费用的节省不能弥补生产效率的损失。诺斯关于"路径依赖"和"闭锁"（lock in）的理论在分析框架中也不应忽视。其实，它对解释"入嵌"易、"脱嵌"难更有说服力，"入嵌"是因为发展中经济体多是处于传统社会向现代社会转型的历史阶段，"入嵌"的产生与传统社会的集权体制有关；"脱嵌"则会碰到已形成的利益集团的阻挠，其导致的困境即是一种"闭锁"状态。

二 价值判断和功利取向

东亚模式不是单纯的经济现象，是社会转型、变迁中的一种制度形态。因而，对这一现象的分析，不能仅仅运用经济学工具，要引入政治经济学，即将制度的内涵从经济扩展到政治、社会和文化。制度的优劣不仅要看经济增长，还要看增长的代价、财富的分配、公民享有的权利和自由、社会公平和公正等。中国一些学者鼓吹"中国模式"可以"集中力量办大事",且不说集权体制下集中力量办了不少坏事,更为重要的是谁来决定办大事、大事办成后谁来分享、大事办坏了谁来承担责任。经济学家对制度的分析不仅要有工具理性的取向,更为重要的是要有价值理性的判定。

三　陷阱和悖论

东亚模式的产生既是传统社会走向现代社会路径依赖导致的产物,也是面对国际竞争、赶超发达国家的战略选择,因而它具有合理性,如果"入嵌"得当,"脱嵌"平稳、顺利,也可提供借鉴的意义。但理论分析和实证研究都揭示和证明了这种模式具有内生问题,这主要表现为:(1)精英制定的产业政策是要扶植具有潜在国际竞争力的幼稚产业,为实现这一目标,政府实施汇率、利率管制、进口关税保护、出口补贴等一系列手段,这些做法扭曲价格、封闭市场,必然导致资源错配;(2)扶植产业的政策产生官商勾结,公共资源、社会财富不能公平、公正使用和分配,腐败滋生;(3)权力和资本勾结形成的特殊利益集团不会因市场的发育而自动淡出,或者说,经济发展这个自变量的变化并不一定会导致政府功能这个因变量的变化。王永钦提出的所谓"函数理论"在多数情况下仅仅是一个良好的愿望,在现实中从威权到民主往往成为阻力重重、矛盾激化、社会动荡的过程。这就是"发展主义政府"的陷阱和悖论。

嵌入性经济的概念值得商榷

章 奇[*]

第一，关于概念上的问题。在这里用到了嵌入性经济，我想王永钦大概是借鉴了彼得·伊文斯的概念，既然你借用他的术语，我这里商榷一下。他提出嵌入这个词，实际上是指官僚体系的一个问题，其实，他也是从马克斯·韦伯借过来的概念。他说，东亚国家为什么能够有这么好的绩效呢？是因为东亚国家的官僚体系具有嵌入性的特征。什么意思？一是可以和底下的社会各阶层，尤其是企业家阶层有很密切的互动，所以知道企业家在想什么，能够把企业家的意见很好地综合起来形成自己的政策。这是很关键的一点。二是所谓的自主性问题。你在这里面是说国家的自主性还是什么，我没仔细看清楚。实际上，在他的概念里，统治者或者说高层的统治精英和底下执行政策、制定政策的精英是具有一定的脱嵌性质的，他们是具有独立性的。所以说负责执行政策的官僚阶层，既有一定的独立性，也有一定的嵌入性，他们能够制定相对比较好的政策。但是，我个人认为，这个概念不是很好的概念。因为这个不是在解释现象，顶多是在描述一种现象。他们并没有解释为什么这样的精英阶层会出现在这些国家，这只是一种分类，最多只能说它是一种对现象的描述，而不是解释。

---

* 复旦大学中国经济研究中心副研究员。

第二，这个概念毕竟提供了一个比较好的分析问题的角度，这个角度就是你提到的自主性和嵌入性可以结合。但是，有一点很重要，统治者和制定政策的人在某种程度上是分开的。进一步说，统治者不是把一切都控制在手里，这一点和苏联体制的国家有很大的不同。你在这里面谈发展的过渡，我个人认为这是一个很大的历史的不同。东亚那些国家一般都说是独裁国家或者威权国家，但实际上它跟共产党国家很不一样，它对社会、对资源的控制程度远远不及共产党国家。很简单的，东亚国家（的原统治者）之所以干不过共产党，一个很本质的原因就是他们对资源的控制不如共产党。另外，你提到合法性的问题，他们的合法性对意识形态的要求不像大陆或者苏联国家这么强调，再就是他在很大程度上是受美国支持的。这意味着，他不用把所有的资源都控制在自己手里面来获得生存，这既是个原因，也是个结果。反映在经济层面，政治权力是高度集中的，大家说他独裁，一般是指在政治权力上高度集权或者说独裁。但是，对经济资源、对社会的控制，并没有我们所想象的那样控制得那么严。在政治权力下层，包括对经济政策的制定，包括对经济资源的垄断，包括对社会团体或者社会阶层的控制等，实际上它的控制力度相对来说是比较弱的。

比如，日本在二战以后，基本上旧的阶层被占领军政府给拆迁了，原来的财团在很大程度上也不存在了，战后的日本财团实际上是经过了一个浴火重生的过程。在台湾，权力的分散就更明显。蒋介石从1949年以后带去了大陆过去的精英，这批精英在台湾本岛是没有权力基础的，必须要和本土的精英进行很大程度的竞争，一部分资源并不是掌握在大陆过去的这部分精英集团的手上。韩国自从朝鲜战争以后，一直是兵变政变不断，基本上没有一个很成熟的领导阶层。到后来，朴正熙铁腕来统治这个国家的时候，他仍然第一是取得美国人的支持，第二他对社会的控制其实是很弱的。这一点从韩国各个企业家的自传就可以看出来。我印象很深的，韩国现代集团的自传故事，说他怎么白手起家的，起家的过程中怎样面对军政府的恐吓，其中一个很小的情节，我觉得很有说服力。朴正熙上台之后，他手下的这批军官要整治所谓黑心的企业家，说这些企业家为富不仁，韩国式的打黑，抓了一批就审讯他们。其中，一个军官就把手枪放在这个地方，你给我老实交代问题，你不老老实实说怎么发家致富的，把你发黑心财的过程交代清楚，今天就别想回去了。然后，他就说自己是怎么发财的，怎么从一个穷光蛋慢慢建立起现代集团，他越说那群军官的脸色越缓和，原来是这样的。这样一个小故事说明了一个很明显的道理，拿枪的这批人不是直接经营企业的这批人，正因为他们不去搞这些，对这个过程并不清楚，而当他们一旦清楚这些问题之后，他们对企业阶层的态度也就很快转化。实际上，他们对企业家阶层的威胁，远远不是我们所想象的那么大。

这说明了什么呢？我个人觉得，他们在发展起点的时候，至少在经济层面，政府对资源的控制，实际上是相当分散，而且有很大程度的竞争。正是这个竞争，保证了他有很多个阶层能够同时在政治舞台上进行一定程度的表现，对政府形成制约。所以，在最后，他们的过渡才相对来说比较容易，比较平稳。从一定意义上说，我同意这的确是一个经济发展的过程，但是起点的确很不一样。你不能套用别人的例子来直接说中国的例子，因为这两个体制的确很不一样。你不能说在别的国家自然而然发展出的结果，到大陆来就自然而然会发生另外一种结果。我们所希望看到的那种比较平稳转型的结果，也不是必然发生的。你至少不能说，这是经济发展自然而然得到的结果。无论是经济发展，还是政治过渡，我个人觉得都是一定的历史条件，或者说不同的政治结构所导致的结果，当然在这里面有很复杂的互动。我觉得这是需要进一步说明的地方。

后　记

　　本书脱胎于 2010 年我做的一项研究"发展的政治经济学：东亚模式中的'脱嵌'是如何发生的"。东亚模式是人类发展史上的奇迹，不仅是因为这几个东亚国家和地区在经济上实现了赶超，而且是因为相伴的政治转型，这使得它们进入了以市场经济和民主政治为制度基石的现代社会。在二战结束后的初期，韩国和我国台湾地区都是贫穷的农业经济，其时的人均收入水平与肯尼亚相当。在20 世纪 80 年代末期，它们不仅实现了经济的发展，而且已经实现了政治的大转型。这种制度转型又保证了其经济的持续发展，尤其保证了其经济从基于投资的发展阶段到基于创新的发展阶段的大转换。纵观二战后的发展中世界，东亚模式下的经济体是唯一成功地避免了"中等收入陷阱"的经济体。

　　经济学家的使命之一是破译经济发展背后的"密码"。在我前期研究的基础上，本书试图提出一个理论框架，来理解东亚模式的制度实质。东亚模式是典型的嵌入型体制，即经济关系是嵌入到政治关系中的。这种嵌入型的体制在满足一定的条件下，可以弥补经济起飞初期的市场缺失（尤其是金融市场的缺失）问题。嵌入型的体制下，在政府干预下，价格体系是扭曲的。早期将价格做错有助于经济的赶超（getting price wrong is right.）；随着经济的发展和开放，这种价格扭曲给资源配置造成的影响会越来越大。从经济发展阶段来看，嵌入型体制比较适合于基于投资的发展阶段，而不适合基于创新的发展阶段，因为嵌入型体制本质上是一种封闭的有限进入（limited access）体系，而不是向所有社会成员开放的开放进入（open access）体系。从有限进入体系向开放进入体系的转变是进入现代社会的关键环节，历史上只有少数国家成功地实现了这个转变。东亚模式和拉美地区的经验从正反方面都说明，初始禀赋的平等性对于制度转型的成功至关重要。

研究东亚模式对于中国的制度转型尤其具有重要的意义。在某种程度上，现在的"中国模式"是加强版的东亚模式，经济高度嵌入政治体系中。在基于投资的发展阶段，嵌入型体制有助于中国经济的成长，但是这种将价格做错的体制的代价也日益凸显。中国经济要跨越"中等收入陷阱"，必须实现经济从政治体系中"脱嵌"，东亚模式"脱嵌"的历史经验对中国有很强的参考价值。

2012 年初，在上海召开了针对初稿的研讨会，其内容作为本书附录部分，供读者参考。研讨会上，陈建安、方钦、郭定平、何迪、马骏、秦晓、韦森、章奇（以汉语拼音为序）诸先生对初稿发表了非常有价值的评论，在本书的修改过程中，大部分意见和建议被吸收到最后的定稿中。由于我繁重的教学和研究安排，如果没有他们的敦促和鞭策，这本书就很难成形。秦晓先生关于现代性的研究和思考对本书的写作也有重要的启发，在本书的相关部分，特别是关于嵌入型体制的代价方面，可以看到这种影响。

我的研究生鲍武斌为本书的写作提供了很好的助研工作，特别是为第二章和第五章的写作提供了很好的数据收集和整理工作。John Wallis 教授在复旦大学访问期间，我与他有过多次交流，他与North 和 Weingast 教授等发展的关于从有限进入秩序到开放进入秩序的转变的理论对本书也有明显的影响。

可以说，本书是一个集体成果，没有以上诸位同人的支持和理解，就没有这本书，我向他们表示由衷的感谢！但我对本书可能的不足和错误承担一切责任。由于本书涉及的问题之大、之广，其中的一些思考未必是成熟的，我衷心地欢迎学界同人的批评指正。

王永钦

2014 年 3 月

图书在版编目（CIP）数据

"脱嵌"是如何发生的：东亚模式的转型／王永钦著.
—北京：社会科学文献出版社，2014.11
ISBN 978 - 7 - 5097 - 6574 - 6

Ⅰ.①脱…　Ⅱ.①王…　Ⅲ.①区域经济发展 - 研究 -
东亚　Ⅳ.①F131.04

中国版本图书馆 CIP 数据核字（2014）第 229223 号

"脱嵌"是如何发生的

——东亚模式的转型

著　　者／王永钦

出 版 人／谢寿光
项目统筹／宋荣欣
责任编辑／宋　超　郭　烁　于　冲

出　　版／社会科学文献出版社·近代史编辑室（010）59367256
　　　　　地址：北京市北三环中路甲 29 号院华龙大厦　邮编：100029
　　　　　网址：www. ssap. com. cn
发　　行／市场营销中心（010）59367081　59367090
　　　　　读者服务中心（010）59367028
印　　装／北京季蜂印刷有限公司
规　　格／开本：787mm×1092mm　1/20
　　　　　印　张：9.4　字　数：164 千字
版　　次／2014 年 11 月第 1 版　2014 年 11 月第 1 次印刷
书　　号／ISBN 978 - 7 - 5097 - 6574 - 6
定　　价／35.00 元